道路客货运输
安全和应急手册

人民交通出版社股份有限公司 编

人民交通出版社股份有限公司
北京

内容提要

本书综合国内外道路客货运输安全驾驶和应急情况处置的经验，并辅以形象生动的案例和图片，为道路客货运输驾驶员和乘客提供一些易于掌握、便于操作、行之有效的安全常识和应急处置方法。

本书可供道路客货运输驾驶员学习使用，也可供其他驾驶员和社会各界朋友学习参考。

图书在版编目（CIP）数据

道路客货运输安全和应急手册 / 人民交通出版社股份有限公司编 . —北京：人民交通出版社股份有限公司，2020.6

ISBN 978-7-114-16518-4

Ⅰ.①道… Ⅱ.①人… Ⅲ.①道路运输—客货运输—驾驶员—行车安全—手册 Ⅳ.① U471.3-62

中国版本图书馆 CIP 数据核字（2020）第 074980 号

Daolu Kehuo Yunshu Anquan he Yingji Shouce

书　　名：	道路客货运输安全和应急手册
著　作　者：	人民交通出版社股份有限公司
责任编辑：	姚　旭
责任校对：	赵媛媛
责任印制：	刘高彤
出版发行：	人民交通出版社股份有限公司
地　　址：	（100011）北京市朝阳区安定门外外馆斜街3号
网　　址：	http://www.ccpress.com.cn
销售电话：	（010）59757973
总　经　销：	人民交通出版社股份有限公司发行部
经　　销：	各地新华书店
印　　刷：	北京印匠彩色印刷有限公司
开　　本：	880×1230　1/32
印　　张：	3.5
字　　数：	75千
版　　次：	2020年6月　第1版
印　　次：	2020年6月　第1次印刷
书　　号：	ISBN 978-7-114-16518-4
定　　价：	15.00元

（有印刷、装订质量问题的图书由本公司负责调换）

致读者
To The Reader

　　道路运输是我国综合运输体系中最普遍和最具基础保障功能的运输方式，承担着部分陆上旅客和货物的运输任务，在保障经济和社会发展、满足城乡客货运输需求、方便人民群众出行等方面发挥着重要作用。

　　安全是道路运输业的生命线，道路客货运输车辆行车线路长、行车环境复杂多变，途中可能遇到各种各样的突发情况，一旦驾驶员处置不当，极易发生交通事故，且事故后果较为严重，对社会的影响也较大。因此，道路运输安全要长抓不懈，驾驶员应急处置能力提升尤为重要。

　　《道路客货运输安全和应急手册》从安全出行、应急处置和应急救护三方面入手，综合国内外安全驾驶和应急情况处置经验，为道路客货运输驾驶员和广大旅客提供一些易于掌握、便于操作、行之有效的安全常识和应急处置方法，希望您能够从中受益。

　　本书由姚旭主编，参与编写的还有刘博、董倩、邵京京、王金霞、林宇峰、薛亮。由于时间紧迫，书中难免有不足之处，诚望各位读者批评指正。

编者

二〇二〇年四月

目录
CONTENTS

第一篇 驾驶员篇

第一章 发车早准备 隐患早排除 ………………3
1. 出车检查不可少………………………………3
2. 身心状态调整好………………………………5
3. 证照单据要备齐………………………………7
4. 防护物品必须有……………………………… 8
5. 行驶路线熟记心………………………………9

第二章 安全搭载客货 遵章守法经营 ……… 11
1. 载客数量严控制……………………………… 11
2. 安全告知讲到位……………………………… 12
3. 进出站检查勤配合…………………………… 13
4. 货物装载守规定……………………………… 17
5. 罐体阀门无泄漏……………………………… 20

第三章 安全行车 谨慎驾驶 ………………… 22
1. 特殊环境平安行……………………………… 22
2. 特殊道路谨慎行……………………………… 28

第四章 临危处置 从容应对 ………………… 33
1. 自然灾害巧避险……………………………… 33
2. 交通事故优处置……………………………… 35
3. 服务纠纷简处理……………………………… 36
4. 车辆爆胎控方向……………………………… 38
5. 车辆侧滑防跑偏……………………………… 40

6. 车辆侧翻保安全……42
7. 制动失效防失控……44
8. 转向失控急停车……47
9. 车辆碰撞降损伤……48
10. 车辆起火速疏散……49
11. 旅客发病急救治……52
12. 驾驶员发病早停车……53
13. 车辆落水速逃生……54
14. 危化品泄漏切源头……55
15. 偷盗抢夺巧应对……59
16. 非传统安全严防范……60
17. 重大疫情严防控……61

第五章 规范处置 科学施救……65
1. 救护谨遵"四原则"……65
2. 伤员失血速包扎……66
3. 骨折固定有技巧……74
4. 烧伤救护讲科学……77
5. 伤员搬运要小心……77
6. 心肺复苏能救命……80
7. 危重伤员早抢救……82
8. 应急设备灵活用……84

第二篇 旅 客 篇

第六章 安全乘车 遵规守法……89
1. 文明乘车助安全……89
2. 特殊旅客讲礼让……90
3. 逃生通道助脱险……90
4. 安全设施会使用……92

第七章　紧急事件　冷静应对 …………… 94
 1. 自然灾害莫恐慌 ………………………… 94
 2. 事故防护要到位 ………………………… 95
 3. 起火落水速逃生 ………………………… 97
 4. 驾乘发病勤配合 ………………………… 99
 5. 侵扰驾驶员急制止 ……………………… 99
 6. 非传统安全慎应对 ……………………… 100
 7. 重大疫情严防护 ………………………… 101

第一篇
驾驶员篇

第一章 发车早准备 隐患早排除

出车前，驾驶员要提前检查车辆安全性能，调整好身体和心理状态，带齐证照资料，备齐安全器材，掌握运输信息，发现隐患立即排查，保障运输安全。

1. 出车检查不可少

出车前，驾驶员要对车辆外观、发动机舱、驾驶室、客舱（客车）进行检查，如检查车辆号牌、标志等是否完好，检查旅客座椅

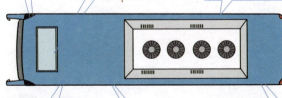

大型客运车辆安全检视示意图

的安全带、应急门、应急窗、安全锤、灭火器等设施是否完好有效,检查车内是否清洁、空气是否清新。然后起动发动机,对各仪表、报警装置、发动机运转情况进行检查,如检查安全监控设施设备、空调、视听等设施是否完好,检查车辆燃(润滑)油、冷却液是否加足,发现问题或者故障,要及时解决和排除。

  危险货物运输车辆还要保证车厢底板平坦完好、栏板牢固,有衬垫防护措施(如铺垫木板、胶合板、橡胶板等),无残留物。车辆后方导静电拖地带应拖地。

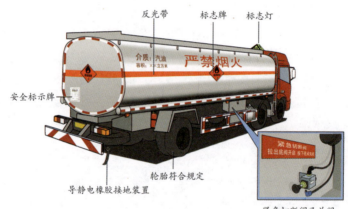

车辆外观标识的重要性

  标志灯、标志牌、安全标示牌、反光带是危险货物运输车辆的重要外观标识,能起到警示作用。发生事故后,还能提示救援人员确定危险货物的类别和危险特性,快速制订救援抢险方案。

2.身心状态调整好

❶ 身体健康

驾驶员经常处于长时间驾驶、高度紧张状态，由于缺乏运动和饮食不规律等不良生活方式，可能患有不同程度的颈椎病、腰椎病、胃病等生理疾病。驾驶员确保自己身体健康，对于安全行车具有重要意义。

出车前，驾驶员要时刻关注自己的身体状态，可以采取以下措施进行预防和调节：

（1）起步前，首先要根据自己的身高、体形调整好座椅位置，使得驾驶过程中能够保持正确的驾驶姿势：伸直腰，后背正好轻靠在靠背上；肘部微弯曲，膝盖微弯曲，脚能够轻松自如地踩踏板。

（2）注意通过坐、站、走、卧等不同行为状态的变换，促进血液循环，缓解紧张状态和调节情绪，使身体和心理状况始终处于最佳状态。

（3）每天抽出一定时间做适当的简易活动。

（4）做好休息和用餐计划，安排好用餐时间，尤其是坚持吃早餐，饮食注意营养均衡，每餐进食以七八成饱为宜，不要暴饮暴食，进餐速度要适中。注意及时饮水，补充水分。

（5）注意劳逸结合，确保运营过程中，运营4h休息不少于20min。

② 心理健康

驾驶员的心理状态与行车安全之间存在千丝万缕的关系，调节好驾驶员的心理，保持良好的精神状态和稳定的心理素质，有利于驾驶员的身心健康和行车安全。

出车前，驾驶员要时刻关注自己的心理状态，可以采取以下措施预防和调节：

（1）性格内向的驾驶员往往内敛、处事小心谨慎，需要增强自信，加强与亲人、朋友、同事和领导的交流和沟通。

（2）性格外向的驾驶员往往轻率、敢于冒险、情绪波动大，需要加强自身的涵养。

（3）与同事建立有益的、愉快的合作关系，与领导建立有效的、支持性的关系。关心他人，善于合作，不为满足自己的需要而苛求于人，保持积极的心态。善于营造良好的生活氛围，注意丰富自己的文化生活。注意改善休息环境，保证充足的睡眠，保持精力充沛，纠正不良生活习惯，消除精神和体力上的疲劳。

（4）坚持学习，不断扩充自己的知识。经常参加安全教育和培训，分析典型交通事故案例，提高自我防范意识，增强守法的自觉性。

③ 仪容仪表

道路客货运输驾驶员是行业的窗口，规范的仪容仪表是城市一道流动的风景线。

驾驶员要时刻注意自己的仪容仪表，做到以下几点：

（1）精神饱满、举止文明、礼貌待客。

（2）按规定着装，正确佩戴服务标志。

（3）忌食有异味的食物。

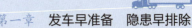

第一章　发车早准备　隐患早排除

（4）男性驾驶员不宜留长发、胡须，女性驾驶员不宜浓妆、穿高跟鞋等，不得佩戴夸张饰品，结婚信物及手表除外。

3.证照单据要备齐

① 证照

驾驶员应随车携带机动车行驶证、驾驶证、道路运输证、从业资格证等有关证件；按照驾驶证准驾车型驾驶车辆，按照从业资格证适用范围从事营运业务。出车前应配合安全例检人员完成车辆例检工作，并取得安全例检合格通知单。

安全口诀

客货运输要求高，取得资质很重要；
仔细查验齐证件，合法运输最重要。

客运车辆要在规定位置放置客运标志牌，客运班车驾驶员还要携带道路客运班线经营许可证。

危险货物运输车辆应随车携带"危险货物道路运输安全卡"，剧毒化学品运输车辆，还须携带公安机关发放的《剧毒化学品公路运输通行证》。

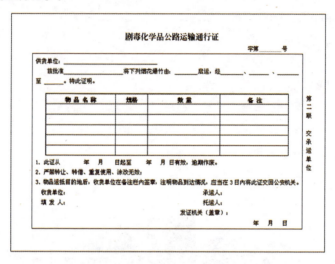

❷ 单据

客运驾驶员应持机动车驾驶证、驾驶员从业资格证、车辆行驶证、道路运输证等相关证件报班,领取派车单和车辆运营牌证。包车客运驾驶员还应随车携带包车票或者包车合同。

4.防护物品必须有

货运车辆驾驶员要根据所运货物的特性,随车携带好遮盖、捆扎等防散失工具,并确保车辆配备的应急器材完好,发现问题必须立即更换或修理。

注意灭火器的压力表,如果在中间绿色区域,则表示正常,若在黄色区域,则需要检查,而在红色区域,则必须更换

第一章　发车早准备　隐患早排除

危险货物运输车辆驾驶员，还需要根据所运危险货物的性质，领取并检查随车携带的遮盖、捆扎、防潮、防火、防毒等工属具和应急处理设备、劳动防护用品；配备相应的消防器材、安全防护设备，其功能、数量应与危险货物性质相匹配，能满足应急需要。

5.行驶路线熟记心

出车前，驾驶员应提前确认运输任务，包括行驶路线、发车时间、起讫站点、途经站及停靠站等信息，提前了解行驶路线的道路状况、限速情况、气候环境、沿线安全隐患路段情况等基本信息。

客运班车应按照规定的线路、班次和站点运行，无正当理由不得改变行驶线路，不得在站外上客或者沿途任意上下旅客和装卸行李，不得沿途揽客。包车客运驾驶员在客运车辆包用期间，要服从

包车人的合理安排，按照与包车人约定的时间、起始地、目的地和线路运行，保证车辆正常使用。在行车中遇有特殊情况时，应根据包车人的意见处理，同时报告企业相关管理人员。

　　危险货物道路运输安全风险大，运输企业一般会提前设定运输路线和时间。在运输过程中，要按照既定的路线和时间行车，不得随意改变。没有明确划定运输路线和时间的，驾驶员要按道路标志标线行车，不能进入危险货物运输车辆禁止通行区域，同时尽量避开人口稠密的居住区、学校、医院等区域以及交通拥堵路段和临水临崖等危险路段。

第二章 安全搭载客货 遵章守法经营

安全搭载客货
遵章守法经营

道路客货运输企业和驾驶员要严格遵守车辆的装载规定，遵章守法经营，不得超员载客、超载超限载货。

1. 载客数量严控制

客运车辆应按照核定的载客人数运送旅客，自觉做到不超员载客，保障自身和旅客的生命安全。

客车超员不仅影响车辆使用寿命，而且还会严重危及行车安全。客车超员后，载质量增加，轮胎负荷加重，制动距离延长，影响车辆转向性能与制动效能，严重超员时轮胎还会因负荷、变形过大而爆胎。同时，超员客车一旦发生事故，会加重损害后果。

超员的扣分标准

《机动车驾驶证申领和使用规定》(公安部令第139号)规定，驾驶营运客车(不包括公共汽车)超过核定人数未达20%的，驾驶员一次记6分。

道路客货运输安全和应急手册

典型案例

一辆核载19人的中型客车,实载42人,从宁夏回族自治区中卫市驶往海原县。7时30分,客车行驶到202省道K162+700m下坡急转弯处,因严重超载,驾驶员操作失控,坠入11m深的山沟,造成11人死亡、31人受伤。

2.安全告知讲到位

客运驾驶员应口头或通过播放宣传片、在车内明显位置标示等方式,对旅客进行安全告知,并向旅客进行安全承诺。

① 安全告知

安全告知的主要内容包括:

(1)客运公司名称、客车号牌、驾驶员及乘务员姓名和监督举报电话。

(2)客运车辆核定载客人数、行驶线路、经批准的停靠站点、中途休息站点。

(3)法律法规规定事项,如禁止旅客携带或客运车辆装运的危险品,禁止超载、超速、疲劳驾驶,连续驾驶时间不超过4h;禁止在高速公路上和未经批准的站点上下旅客;禁止携带危险品进站上车;禁止改变线路行驶;禁止关闭、屏蔽卫星定位信号;禁止客车在22时至凌晨6时途经三级以下山区公路达不到夜间安全通行条件的路段;卧铺客车在凌晨2时至5时停车休息等。

(4)车辆安全出口及应急出口逃生、安全带和安全锤使用方法。

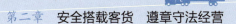

第二章　安全搭载客货　遵章守法经营

❷ 安全承诺

发车前，客运驾驶员要结合安全告知向旅客进行"面对面"的安全承诺。承诺在驾驶过程中做到：

（1）不超速，严格按照道路限速要求行驶。

（2）不超员，车辆乘员不得超过核定载客人数。

（3）不疲劳驾驶，日间连续驾驶不超过4h，夜间连续驾驶不超过2h。

（4）不接打手机，在驾驶过程中保持注意力集中。

（5）不关闭动态监控系统，做到车辆运行实时在线。

（6）确保旅客系好安全带，全程按要求佩戴使用。

（7）确保旅客生命安全，为旅途平安保驾护航。

3.进出站检查勤配合

班车客运应遵守"三不进站、六不出站"制度。

❶ 三不进站

"三不进站"制度，即易燃易爆和易腐蚀等危险品不进站、无关人员不进站和无关车辆不进站。

危险物品的排查方法

危险物品排查方法包括：

（1）望：观察旅客携带的物品是否为大件物品、深色塑料袋袋装物品或桶装、瓶装物品等，此外，观察旅客神情是否紧张或伪装镇定，行为表现是否异常。

（2）闻：是否有刺激性气味、芳香味、氨味等异味。

（3）问：发现可疑情形时，主动询问旅客携带的是何物品，同时注意礼貌用语，避免与旅客发生言语或肢体冲突。

班车客运车辆在报班前，要严格执行客车安全例行检查制度，提前做好客车安全例行检查。

客车安全例行检查制度

客车安全例行检查，是指在受检车辆进行正常维护并检验合格的前提下，由客运站车辆安全例检人员在不拆卸零部件的条件下，借助简单的工具量具，采用人工检视的方法，对影响营运客车行车安全的可视部件技术状况所实施的例行检查，不包括对乘坐客运车辆的旅客所携带行李的安全检查。营运客车安全例行检查与车辆的日常维护、一级维护和二级维护为非替代关系。客运班线单程营运里程小于800km的客运班车和往返营运时间不超过24h的客运班车，实行每日检查一次；客运班线单程营运里程在800km（含）以上的客运班车和往返营运时间在24h（含）以上的客运班车，实行每个单程检查一次。客运班车经安全例行检查合格后，由例检人员签发《安全例检合格通知单》，

第二章 安全搭载客货 遵章守法经营

作为客车报班发车的依据。《安全例检合格通知单》自签发时起，24h内报班有效。

《安全例检合格通知单》超过时限的班线客车，须重新进行安全例行检查，合格后，才允许报班。安全例行检查不合格的客车，应进行修理，维修合格后，再进行复检。客车未经安全例行检查或安全例行检查不合格，不得营运。

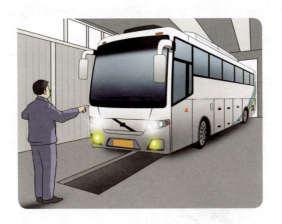

❷ 六不出站

"六不出站"制度，即超员客车不出站、安全例行检查不合格客车不出站、驾驶员资质不符合要求不出站、客车证件不齐不出站、出站登记表未经审核签字不出站和旅客未系安全带不出站。

客车行驶至客运站的出站口时，驾驶员应主动接受出站检查，检查合格并与出站检查人员共同签字确认后再出站。

客车出站检查规范

出站检查,是指客运站经营者在客车出站前,对当班驾驶员资格、客车运营证件、客车安全例行检查情况、客车实际载客人数、车上人员安全带系扣情况及出站登记手续等是否符合规定所进行的核查活动。

客车出站检查主要包括以下内容:

(1)检查出站客车报班手续是否完备,包括《安全例检合格通知单》、行驶证、道路运输证和客运标志牌等单证是否齐全、合格。

(2)检验每一名当班驾驶员持有的从业资格证、机动车驾驶证,受检驾驶员与报班驾驶员应一致。

(3)清点客车载客人数,客车不得超载出站。

(4)检查装有安全带的客车旅客安全带系扣情况,客车出站时所有旅客应系好安全带。

客运驾驶员不配合出站检查且经劝告仍不接受出站检查的,客运站有权拒绝客车出站。经劝阻无效,仍滞留现场扰乱秩序的,客运站可采取相应措施安排客车上的旅客改乘并报当地道路运输管理机构;对强行出站的,客运站可报告当地道路运输管理机构处理。对相应客车,客运站可在一定期限内禁止其进站发班。

4. 货物装载守规定

❶ 安全装载

货物装载作业前应对照运单,核对货物名称、规格、数量,并认真检查货物包装。货物包装标志或安全技术说明书、安全标签等与运单不符,或货物包装不符合规定的,应拒绝装车。

装车时,应根据货物的包装类型、体积、质量、件数等情况和包装储运图示标志的要求操作。装车后,货物应用绳索捆扎牢固,易滑动的包装件需用防散失的网罩覆盖并用绳索捆扎牢固或用苫布覆盖严密。

❷ 不超载

货运驾驶员应当在载货汽车核定的载质量限额内运送货物,严禁超载。

　　货车超载后，由于载货质量增大，惯性随之加大，制动距离延长，危险性增大。如果严重超载，轮胎负荷过重、变形过大，易引发爆胎、突然偏驶、制动失灵、翻车等事故。另外，超载还会影响车辆的转向性能，易因转向失控而导致事故。

 典型案例

重型半挂牵引车制动失效引事故

　　江西省一辆重型半挂牵引车，运载37t（核载31t）水泥由福建省龙岩市前往福清市。当行驶至厦蓉高速公路K112+600m长陡下坡路段时，车辆制动失效，与前方同车道行驶的贵州省遵义市一辆大型卧铺客车追尾碰撞，导致客车失控越过路侧波形护栏侧翻，造成11人死亡、34人受伤。

危险货物超载运输的危害

　　超载会降低运输车辆的运行安全性能，如车辆运动惯性增大，制动距离增长；轮胎负荷过重而引发爆胎事故；影响车辆转向性能，易导致车辆因转向失控发生侧翻等。另外，超载运输危险货物发生事故后，还会增加救援难度，加重事故伤害后果。

《危险化学品安全管理条例》规定,超过运输车辆的核定载质量装载危险化学品的,由公安机关责令改正,处5万元以上10万元以下的罚款;构成违反治安管理行为的,依法给予治安管理处罚;构成犯罪的,依法追究刑事责任。

《机动车驾驶证申领和使用规定》(公安部令第139号)规定,驾驶货车载物超过核定载质量30%以上的,一次记6分;超过核定载质量30%以下的,一次记3分。

❸ 不超限

超限运输车辆未经公路管理机构批准,不得在公路上行驶。经批准超限运输的车辆,应当随车携带超限运输车辆通行证,按照公路管理机构核定的时间、路线和速度行驶,并悬挂明显标志。

❹ 特殊装载

(1)装运大型运输容器、集装箱、集装罐柜等的车辆,必须设置牢固、安全且有效的紧固装置。

(2)装运大型气瓶的车辆必须配置活络插桩、三角垫木、紧绳器等工具,保持车辆装载平衡,防止气瓶在行驶中滚动。

(3)根据所装危险货物性质和包装形式的需要,车辆还须配备

相应的捆扎用大绳、防散失用的网罩、防水用的苫布等工、属具。

（4）装卸作业现场必须远离火种、热源，操作时货物不准撞击、摩擦、拖拉；装车堆码时桶口、箱盖一律向上，不得倒置；集装货物，堆码整齐。装卸完毕，要罩好网罩，捆扎牢固。

装车完毕后，驾驶员要对货物的堆码、遮盖、捆扎等安全措施及对影响车辆起动的不安全因素进行检查，确认安全因素良好后方可起步。

货车装载安全口诀

装运货物要检查，装车堆码合要求；
货物装车不超载，确保安全再上路。

5.罐体阀门无泄漏

装运液体危险货物的罐式车辆罐体、可移动罐柜、罐箱的关闭装置，在装载完成及运输过程中均应处于关闭状态。安装有紧急切断装置的液体危险货物罐车，在上路行驶时，应再次检查确保紧急切断阀已关闭。

紧急切断装置安全使用要点

（1）除装卸作业外的所有情况下，紧急切断阀都应在关闭状态。

（2）装卸作业完毕后，应立即按照操作规程关闭紧急切断阀。

（3）出车前，检查紧急切断阀有无腐蚀、生锈、裂纹等缺陷，有无松脱、渗漏等现象。

（4）装卸作业时，若遇紧急情况，应立即关闭紧急切断阀。

（5）运输过程中，及时检查确保紧急切断阀处于关闭状态。

（6）罐体长期不使用时，也应关闭紧急切断阀，以免因长期受压力、杂质沉淀等影响，造成阀体元器件损坏、泄漏。

典型案例

一辆满载汽油的重型罐车，在荣乌高速公路西向东K305+409m处发生侧滑停在路边，被后方驶来的大客车追尾，造成罐车卸油口损坏，因罐车紧急切断阀未关闭，所载汽油泄漏，之后一辆小型越野车与大客车追尾，撞击产生的火花引燃了泄漏汽油，造成12人死亡、6人受伤。

第三章 安全行车 谨慎驾驶

道路客货运输驾驶员在行车过程中要谨慎驾驶、安全行车，控制好车速，关注周边的其他道路参与者。危险货物运输驾驶员行车要更加精细平稳，避免急加速、急制动、急转弯，并在行车过程中全程监管货物的状态，需要临时停车时，要到规定的停靠点，并按要求报告。道路客货运输驾驶员在夜间、不同气候条件和不同道路条件下行车时，要针对不同的行车环境，做好行车准备，采取有效措施，预防交通事故发生。

1.特殊环境平安行

❶ 雨天行车"六要素"

（1）做好出车前检查维护。雨天行车必须保证良好的车况，才能减少事故，确保交通安全，因此，驾驶员在出车前必须按照规定严格做好检查。

（2）合理控制车速和增大跟车距离。雨天行车时应降低车速，增加跟车距离，尽量避免紧急制动，切忌急转向，防止车轮因转向过急而发生侧滑。

（3）注意行人非机动车动态。行车时应注意观察非机动车动态，提前减速，并留有足够的横向间距，低速平稳通过，一方面防止骑车人横向摔倒，另一方面避免因车速过快造成积水飞溅行人。

（4）遇大暴雨选择地点停车。如遇大暴雨，应找安全地段停车，等雨小后再继续行驶。暴雨过后，行车经过水淹路面时，需先观察判断水深情况，不要贸然在积水中行驶。

（5）雨天弯道行驶做到"减速、鸣号、靠右行"。雨天进入弯道前需提前减速，避免紧急制动，以防车辆失稳失控；在通过一些暗弯时，应提前鸣喇叭告知弯道前方的车辆和行人；正确判断路面宽度和弯度的大小，确定合适的转向时机与转弯行驶的速度，使车辆平稳安全地驶过弯道。

（6）大雨行车注意开启车灯。大雨天能见度下降，行车时应及时开启近光灯和示廓灯。

❷ 雾天行车"六注意"

（1）注意防止炫目。汽车远光灯遇雾会反光，使驾驶员产生炫目,因此,雾天行驶时应开启近光灯、示廓灯、前后位灯和危险报警闪光灯等,以便能够及时被其他车辆发现。

(2)注意多鸣喇叭。由于视线受阻,驾驶员无法按照平时的方法预见危险,应多鸣喇叭以引起其他车辆和行人的注意;听到对方车辆鸣喇叭时,可鸣喇叭回应。

(3)注意保持较低车速,预留足够的反应时间,通过声音判断车辆位置,尽量避免超车。因缺少参照物,驾驶员对车速的判断会有偏差,可间断性地查看车速表,避免车速过快。

(4)注意不要骑轧道路中心线。雾天骑轧道路中心线非常危险,可能会与对向来车迎面相撞,此时最好靠右侧车道行驶,同时注意停在路侧的车辆。

骑轧道路中心线行驶很危险

(5)注意保持跟车距离,避免因前车紧急制动而发生多车追尾事故。

(6)转弯时注意观察。雾天准备转弯时,驾驶员应关掉车内收音机,降下车窗,判断有无其他车辆,右脚要保持在制动踏板上,准备随时制动,并用喇叭提醒他人。

第三章　安全行车　谨慎驾驶

遇"团雾"时的安全行车

受局部地区微气候环境的影响，有时候会在局部范围内出现浓雾，也称为团雾。高速公路昼夜温差大，公路附近污染颗粒多，如秋季焚烧秸秆、汽车尾气排放等，更易行成团雾。团雾突发性强、能见度极低、预测预报难、区域性很强，对行车安全具有很大的威胁。

在高速公路行驶中观察到前方视线受阻有团雾发生时，不可就地停车，避免发生追尾事故；应提前减速，开启近光灯、示廓灯、前后位灯和危险报警闪光灯等低速驶入团雾，同时可多次轻踏制动踏板，提醒后车减速，在团雾区内行驶最好不要变更车道，以防因视线不清引发事故。

❸ 冰雪路面"七原则"

（1）保持匀速慢行，注意观察前方足够远的情况，需要减速时，充分利用发动机牵阻作用降低车速，尽量避免使用行车制动，避免急转方向、急加速和急减速，以防发生侧滑。除非有必要且条件允许，否则不要超车。

（2）转弯时，要提前降低车速，适当增大转弯半径，尽量避免转弯时换挡、制动。

（3）上下坡时，应提前换好挡位，与前车保持足够大的距离，匀速行驶。

（4）注意观察占道的行人和骑车人以及扫雪车和融雪车的动态，提前让出空间，避免盲目超越。

（5）通过桥梁、背阴处时，要注意判断路面上的结冰情况。注意温度变化，当温度上升到0℃时，冰层开始融化，这时路面更加湿滑，需要进一步降低车速。

（6）路面被雪覆盖难以辨识时，尤其是在乡村道路上，不要靠路侧行驶，而应沿着前面的车辙行驶（车辙结冰时注意防侧滑），根据道路两旁的树木、电线杆等参照物判断行驶路线，保持低速行驶。

（7）进入冬季，应随车携带防滑链、垫木和粗沙等。在冰冻道路上行驶时，为防止车轮产生空转和侧滑，应尽早安装防滑链，并控制车速不超过50km/h；通过冰雪覆盖的路段后，应及时卸下防滑链，减少对轮胎、路面的损害。

第三章　安全行车　谨慎驾驶

❹ 夜间驾驶需谨慎

（1）夜间跟车时应开近光灯，不能开远光灯，跟车距离比白天要加大一些；夜间超车时要连续变换远近光灯示意前车，必要时鸣喇叭，确认前车减速让路后再超车。

（2）夜间会车时，在照明良好的道路上行驶，不能使用远光灯；在没有路灯或虽有路灯但照明不好的道路上，可以使用远光灯，但如果对面有车驶来，应在150m时互相关闭远光灯，改用近光灯，注意路况，低速会车，必要时可停车避让。

（3）夜间行车时应控制车速，增大跟车距离，以便出现突发情况时能有充足的反应时间。

（4）夜间在乡村道路上通行，应加大行车间距，以免前车扬起的尘土遮挡视线；途经繁华街道时，要注意霓虹灯及各类装饰灯光对视线的影响，降低车速、细心观察、谨慎行驶。

（5）车灯光柱变短说明行车遇上弯道或上坡路，应注意提前采取措施；车灯光柱变长说明行车遇到下坡路或路上有凹坑，应注意减速慢行。

（6）夜间行车特别是午夜以后最容易瞌睡，驾驶员感觉疲劳时应停车休息，不要强行赶夜路。

2.特殊道路谨慎行

❶ 高速公路"八要点"

（1）进入高速公路行驶前，驾驶员应做好充分的准备，检查车辆状况，了解天气、道路拥堵情况等信息，提前规划好行车路线，尤其是记好沿途高速公路的出入口。

（2）驾驶员应每隔2h或者每行驶150km，对车辆轮胎进行安全检查，以免长时间高速行驶造成车辆轮胎气压升高而发生爆胎。

（3）当在高速公路行驶发现前方突然出现行人、动物等障碍物时，应立即减速，切不可在高速状态下猛转转向盘来躲避，避免发生车辆倾翻事故。

（4）大型车辆的行驶速度相对较慢，应在右侧慢速车道内行驶，并注意与其他车辆之间保持足够的安全间距，避免发生交通冲突。

（5）在高速公路上行驶时应避免在应急车道临时停车，更不可在高速公路上停车上下旅客。当车辆出现故障必须停车时，应选择在应急车道内或港湾式紧急停车带停车，并正确疏散旅客，摆放危险警告标志，开启危险报警闪光灯。

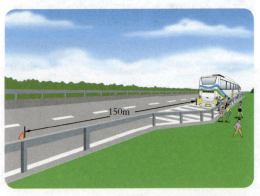

（6）在高速公路上行车突然出现制动失效或车辆失控时，可

利用路侧专门设置的紧急避险车道来辅助减速停车。

（7）长时间高速行驶后，驾驶员对车速的感觉变得迟钝，常常会低估车速。因此，驾驶员可间断性地查看车速表来确认车速。

（8）车辆进入服务区时要减速慢行，根据指示牌和地面指示标线或听从服务区指挥人员的安排，进入为大型客货运车辆专门划定的停车区域停车休息。驶离服务区前，要重新清点旅客人数和货物装载情况，确认所有旅客都上车和货物完好后，才能重新启程。

❷ 城市道路"三注意"

（1）在城市道路行驶时，驾驶员要提前规划好出行路线，尽量错开车流高峰时段，避开繁华街道、学校、医院、平交路口等交通拥堵路段。

（2）城市道路路段施工会造成行车道减少、路面不平整，影响机动车的正常通行，应注意提前避开。

（3）在城市道路行车，车速相对较慢，车辆距障碍物很近时，为了避免发生碰撞，一般应先转向躲避后制动。

❸ 山区道路"五谨慎"

（1）山区道路等级相对较低，路面狭窄，视野不开阔，驾驶员应降低车速，增大跟车距离，防止前车突然紧急制动，发生追尾事故。

（2）山区道路常有山体树木遮挡视线，驾驶员应尽可能避免超车，必须超越前方车辆时，要选择路面宽阔、视野良好的直线路段，提前开启左转向灯，鸣喇叭，确认前车已让行，并观察、确认安全后再超越。

（3）前方有注意落石标志时，应谨慎驾驶，避免停车。通过经常发生塌方、泥石流的山区路段时，应尽快通过，不要在此区域停车。

（4）重载车辆爬坡时，要根据路况和坡度及时减挡，使车辆保持足够的驱动力，加速冲坡。同时还要注意避免出现冷却液温度过高、发动机动力不足等情况，如果出现要立即选择安全的区域停车降温。

（5）下长坡时应挂低速挡行驶，充分利用发动机牵制阻力制动、缓速器辅助制动和排气辅助制动，禁止空挡滑行和关闭发动机行驶。

❹ 桥涵通行有方法

（1）大型货车和汽车列车驾驶员在通过桥涵时，需注意载重不能超过桥体总质量限值或轴重限值的规定，否则应绕道行驶，避免造成桥体垮塌。

（2）车辆驶近桥涵时，驾驶员应注意限高和限宽标志，保证车辆通行的安全空间，必要时绕道行驶，避免造成撞垮桥体或被卡在桥涵里。

（3）立交桥引桥通常有一定的坡度，临时停车容易有溜车的危险，在立交桥上行驶时，驾驶员应与前车保持足够的安全间距，停车时拉紧驻车制动器操纵杆。

（4）车辆在跨度较大的高架桥或跨海大桥上行驶时，会遇到强烈的横风影响。驾驶员应控制好车速，握稳转向盘，并与侧面的车辆保持足够的横向间距。

（5）遇桥涵路面积水时，驾驶员应先探明积水深度再通行，必要时选择其他路线改道而行，不要盲目涉水行驶。

（6）通过漫水桥、险桥等危险地段时，驾驶员应先停车观察，确认安全后，组织旅客下车步行过桥，车辆在引导下低速通过；如果洪水或河水漫过桥面情况严重时，应及时向单位报告，绕道行驶，不得冒险通过。

❺ 隧道通行有技巧

（1）车辆进入较长的隧道时，隧道内的光线骤然变暗，驾驶员会有一个暗适应的过程。因此，驾驶员应提前降低车速，开启近光灯，适当增加与前车的安全间距。

（2）因施工或发生交通事故，隧道内的行车道会受到临时管制，因此，驾驶员应根据交通信号灯选择正确的行车道。绿色箭头信号灯表示该车道允许车辆通行，红色叉形灯表示该车道禁止车辆通行。

（3）车辆在双向行驶的隧道内行车时，对向来车的远光灯会造成驾驶员炫目。驾驶员应及时调整视线，避开灯光的直接照射。

（4）在隧道内禁止停车、倒车和超车，车辆出现故障需要临时停车时，应尽可能将车辆移至专门的避险区域，并采取必要的安全措施。

（5）隧道多依山而建，车辆在隧道出口处可能会受强烈横风的影响。车辆驶出隧道出口时，驾驶员应适当控制车速并握稳转向盘，避免横风引起车辆侧滑或侧翻。

第四章 临危处置 从容应对

第四章 临危处置 从容应对

　　道路客货运输驾驶员在行车途中遇到紧急事件时，要冷静判断，审时度势，遵循"避重就轻、以人为本、生命至上"的原则，实施科学的应急处置措施，并根据紧急事件的性质和事态具体情形按流程向上级汇报。

1. 自然灾害巧避险

❶ 地震

　　发生地震时，驾驶员要立即减速停车，将车上人员疏散至开阔地带；如正行经桥梁、立交桥、隧道中，则应尽快驶离；注意地面开裂、下陷情况，不要落入其中；注意山崩，避免被落石击中。

❷ 泥石流

　　行车过程中如发现前方路段有泥石流和塌方现象，应立即停车，将车上人员疏散到泥石流方向两侧的安全地带。

泥泞道路行车，路面特别松软和黏稠，汽车行驶阻力大，车轮与路面附着力小，容易发生车辆侧滑和车轮滑转现象。因此，应采取以下措施：

（1）驶入泥泞道路前，应停车查看路况，尽量选择平整、坚实或有车辙的路线行驶。

（2）选用适当挡位（一般为中、低速挡），握稳转向盘，稳住加速踏板，匀速、一次性缓慢通过，尽量避免使用行车制动器，以防止车辆滑移。

（3）陷入泥泞路段时，应先将车辆稍向后退出，然后改变车轮行进方向，挂入低速挡，利用发动机的冲力驶出。

❸ 台风

如在行驶过程中突遇台风，应握紧转向盘、控制好行驶方向，低速行驶到背风处停车。

❹ 沙尘暴

当风向和车辆行驶方向相同时，车辆制动距离变长，应保持安全车距；风向和车辆行驶方向相反时，行驶阻力增大，使车速降低，超车、会车应谨慎。

风横向作用于车辆时，可引起转向半径增大或离心力增大，容易使车辆侧滑或侧翻，转弯前应降低车速，握稳转向盘，不要紧急制动，平顺柔和转

遇强风的防御性驾驶

弯。关闭车窗,关严车门,防止沙尘刮入车内。

❺ 冰雹

遇冰雹天气,如冰雹较小,风窗玻璃会结霜,应打开前后风窗玻璃的除霜装置,溶解冰霜,减速慢行;如冰雹较大,最好找个安全地带停车,最大限度地减轻或避免损失。

2.交通事故优处置

车辆发生交通事故,经常会给驾驶员、旅客和行人造成伤害,正确的处置方法和抢救措施,既可以减缓伤势扩大、避免不必要的伤亡,又利于事故迅速解决、恢复交通畅通。

处理交通事故时,可遵循如下原则:

(1)立即停车。迅速停车,打开危险报警闪光灯,协助旅客下车至安全区域,并按规定放置三角警告标志,避免发生次生事故。

(2)合理处置。如果发生的是一般交通事故,即未造成人身伤亡或仅造成轻微财产损失,当事人对事实及成因无争议且车辆可以移动的,应当在确保安全的原则下,对现场拍照或者标划事故车辆现场位置后,立即撤离现场,尽快恢复交通,自行协商达成协议,填写道路交通事故损害赔偿协议书,并共同签名。当事人对交通事故事实及成因有争议时,应保护好现场,然后立即报警,同时向所在企业报告事故情况。

不得驶离现场的6种情形

道路交通事故有下列情形之一的,应当立即报警并保护现场等候处理,不得驶离:

（1）造成人员死亡、受伤的。

（2）发生财产损失事故，当事人对事实或者成因有争议的，以及虽然对事实或者成因无争议，但协商损害赔偿未达成协议的。

（3）机动车无号牌、无检验合格标志、无保险标志的。

（4）载运爆炸物品、易燃易爆化学物品以及毒害性、放射性、腐蚀性、传染病病原体等危险物品车辆的。

（5）碰撞建筑物、公共设施或者其他设施的。

（6）驾驶员无有效机动车驾驶证的。

（7）驾驶员有饮酒、服用国家管制的精神药品或者麻醉药品嫌疑的。

（8）当事人不能自行移动车辆的。

若处于运营状态的客运车辆发生交通事故，驾驶员要及时向旅客做好解释工作，避免引发服务纠纷和二次事故。

3. 服务纠纷简处理

服务纠纷是指在运营过程中，由于驾驶员与旅客误解或一方语言、行为失当，导致另一方的利益或自尊受到损害，从而引起的意见分歧和冲突。驾驶员调解纠纷时，要严于律己、宽以待人，本着互谅互让、求同存异的精神，以理服人，才能消除矛盾。

服务纠纷的预防措施

驾驶员不仅要做好事后的"灭火员"，还要做到事前的"消防员"，减少服务纠纷的发生。预防发生纠纷的措施

有三点:

(1) 规范服务。驾驶员在运营过程中,遵循服务的规范流程和服务标准,是对自己最好的保障。

(2) 善于观察旅客,及时协调关系。旅客上车后,驾驶员要学会察言观色,对情绪不良的旅客要小心谨慎,对脾气不好的旅客要和颜悦色,控制好自己的情绪,关键时刻可保持沉默,避免与旅客发生言语冲突。

(3) 提前说明有可能产生异议的情况。驾驶员和旅客之间的服务纠纷集中在路线选择、车费数额、服务态度、旅客特殊要求的满足等方面。驾驶员应和旅客充分沟通,尊重旅客的知情权,将信息提前告知旅客。

一旦由于某种原因,导致驾驶员与旅客产生服务纠纷,驾驶员应按如下步骤进行处理:

(1) 先向旅客表示歉意。

(2) 搁置争议,先解决旅客急需解决的问题。

(3) 旅客的要求如果违反了相关规定,从旅客的角度加以解释。

(4) 确认旅客是否接受解决方案,必要时可以主动让利。

(5) 对旅客的配合或理解再次表示感谢。

说服旅客的八个技巧

(1) 站在旅客的立场。

(2) 通过赞扬调动热情。

(3) 以真心打动旅客。

（4）忍一时风平浪静。
（5）对不合理的要求给予分析。
（6）说服时适当运用幽默。
（7）适当运用自责。
（8）顾全别人的面子。

当旅客出现情绪过激等异常现象时，驾驶员首先应用平和的态度向旅客做出解释，想办法安抚住旅客的情绪。如旅客的情绪仍不稳定，甚至可能产生抢夺转向盘或殴打驾驶员的举动时，驾驶员应控制好方向，尽快选择安全的地点靠边停车，安抚旅客情绪。如驾驶员人身即将受到伤害或已受到伤害，应立即拨打110报警，同时向所属企业管理人员报告现场情况。

4.车辆爆胎控方向

轮胎突然爆裂是安全行车的极大隐患，驾驶员有必要掌握轮胎爆裂的应急处置措施，最大限度地减少事故的危害程度。

（1）后轮胎爆破，车尾会摇摆不定，但方向一般不会失控，只要保持镇定，双手紧握转向盘，便可控制车辆保持直线行驶。

（2）前轮胎爆破，危险较大，一旦爆胎，车辆方向会立刻向爆胎车轮一侧跑偏，直接影响驾驶员对转向盘的控制。当意识到前轮爆胎时，双手要紧握转向盘，松抬加速踏板，极力控制车辆直线行驶。

第四章 临危处置 从容应对

若车辆已经转向，不要过度矫正，应在控制住车辆行驶方向的情况下，轻踏制动踏板（禁止紧急制动），使车辆缓慢减速，待车速降至适当时，平稳地将车停住，尽量将车逐渐停靠在路边为妥。

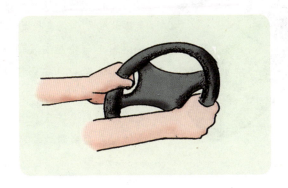

胎压监测系统与爆胎应急安全装置

轮胎气压值的大小对行车安全非常重要，胎压过高易引起爆胎，胎压过低会增加行驶阻力、加剧轮胎磨损，导致早期损坏或其他故障。胎压监测系统可以对轮胎气压进行实时监测，并及时通过仪表台向驾驶员显示胎压信息，出现异常时自动报警，可方便驾驶员及时掌握胎压变化情况，以便及时检查并采取相应的处置措施。营运客车安装单胎的车轮应安装胎压监测系统或胎压报警装置。

胎压监测传感器

爆胎应急安全装置能够在车辆转向轮轮胎破裂失压后，使车辆的行驶方向继续可控，制动性能稳定有效。此装置可在发生前轮爆胎后，给驾驶员赢得宝贵的处置时间，避免事故的发生。车长大于9m的营运客车前轮应安装符合《营运客车爆胎应急安全装置技术要求》（JT/T 782—2010）规定的爆胎应急安全装置，并能通过仪表台向驾驶员显示。

5.车辆侧滑防跑偏

车辆在泥泞、湿滑的路面上快速行驶、紧急制动、急加速或猛转方向时，易发生侧滑，甚至会导致行驶方向失控，而向路边倾翻、坠车或与其他车辆、行人发生碰撞等事故。

当制动、转向或擦撞引起车辆侧滑时，应立即松抬制动踏板，迅速向侧滑的一方转动转向盘，并及时回转方向进行调整，修正方向后继续行驶；因转向或擦撞引起的侧滑，不可使用行车制动。

车辆发生侧滑时，不要使用驻车制动，这项操作将会导致更加

第四章 临危处置 从容应对

严重的后果。

当未配备ABS系统的车辆的前轮发生侧滑时,驾驶员应及时将危险警示信息传递出去,并果断地连续踩踏、放松制动踏板,平稳制动,尽快减速停车。

电子稳定程序（ESP系统）

ESP系统是对ABS系统及ASR系统的一种补充,通过调节车轮的制动力和发动机的输出功率,防止车辆在紧急情况下或转弯时过度转向或转向不足,使车辆不偏离合适的行驶路线,保持在原来的车道内行驶。

（1）车辆左转弯转向不足时,车辆将向车道外偏移,此时,ESP系统通过调节左后轮的制动力,使车辆保持原来的行驶路线。

（2）车辆左转弯过度转向时,车尾将甩出车道,此时,ESP系统通过调节右前轮的制动力,以避免发生侧滑的危险。

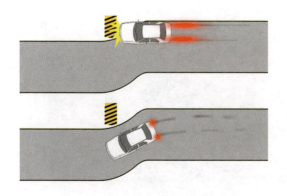

6.车辆侧翻保安全

车辆发生侧翻时,由于离心力的作用,驾驶员身体会向外飘起来。

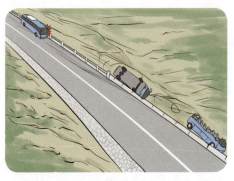

当车辆不可避免地发生侧翻时,驾驶员应果断采取应急处置措施。

(1)车辆不可避免地倾翻时,如果倾翻力度不大,估计只是侧翻时,应双手紧握转向盘,双脚钩住踏板,背部紧靠座椅靠背,尽力稳住身体,随车体一起侧翻。

(2)车辆倾翻力度较大或向深沟连续翻滚时,应使身体迅速向座椅前下方躲缩,抓住转向盘管或踏板等将身体稳住,避免身体滚动受伤或甩出车外,导致被车辆碾轧。

向翻车的反方向跳出

（3）缓慢翻车有可能跳车逃生时，要向事故翻车相反方向跳车；切不可顺着翻车方向跳出，防止跳出车外却被翻滚的车辆碾压。落地前双手抱头，蜷缩双腿，顺势翻滚，自然停止，不要伸展手腿去强行阻止滚动，以免加剧损伤。

（4）在车中感到不可避免地要被抛出车外时，应在被抛出车厢的瞬间猛蹬双腿，增加向外抛出的力量，助势跳出车外。落地时，力争双手抱头顺势向惯性力的方向多滚动一段距离，以躲开车体，增大离开危险区的距离。

紧急避让的方法

车辆突发的紧急情况包括转向失控、制动失灵、轮胎爆裂、车辆侧滑等。为了防止避险不当加重事故后果，在处理危险情况时应遵循以下原则：

（1）及时减速，有效控制行驶方向。

突发情况的发生时间往往非常短暂，特别是在高速行驶时。规避和减轻交通事故的危害和损失，最有效的措施就是制动减速、停车、控制方向。

在车速较低时发生紧急情况,要判断能否利用转向避开前方障碍物。若转向避开障碍物比停车有效得多时,在道路交通条件允许的前提下,尽可能优先考虑通过转向避免撞车,同时采取必要的减速措施。

车速较高时发生紧急情况,不要轻易急转向避让,高速时急转向,极易造成车辆侧滑相撞或倾翻(在离心力作用下)事故。应采取制动减速,使车辆在碰撞前处于停止或低速行进状态,以减小碰撞损坏程度。

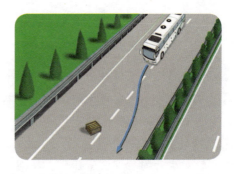

(2)先人后物,就轻处理。

人的生命是最宝贵的,遇突发情况避险时,要先考虑人的安全,先人后物。在危急情况下,车辆要向远离人的一方避让,宁可财产遭受损失,也要确保人的安全;避让车辆与物体相撞时,尽最大努力做到人不被伤害,减轻事故的损失后果。

7.制动失效防失控

车辆行驶中,往往由于制动管路破裂或制动液压力不足等原因,突然出现制动失灵、失效现象,对行车安全构成极大威胁。

第四章　临危处置　从容应对

（1）制动失效时，应沉着冷静，握稳转向盘，立即松抬加速踏板，实施发动机制动，尽可能利用转向避让障碍物。同时利用驻车制动器或"抢挡"等方法，设法减速停车。若是液压制动车辆，可连续多次踩踏制动踏板，以期制动力的积聚而产生制动效果。

（2）使用驻车制动器时，不可将操纵杆一次拉紧。一次拉紧容易将驻车制动器"抱死"，损坏传动机件，丧失制动力。转动转向盘避开危险目标的同时，可视情况进行"抢挡"操作，使车辆尽可能减速，尽快驶向路边停住。

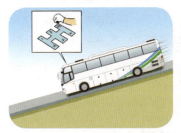 

不可将驻车制动器操纵杆一次拉紧

（3）避让应做到"先避人，后避物"，提前选择好可供安全停车的位置，以免冲撞行人而扩大事故。

紧急避险造成损害的法律规定

根据《中华人民共和国民法通则》的规定，因紧急避险造成损害的，由引起险情发生的人承担民事责任。如果危险是由自然原因引起的，紧急避险的人不承担民事责任或只承担适当的民事责任。因紧急避险采取措施不当或者超过必要的限度，造成不应有的损害的，紧急避险人应当承担适当的民事责任。

若车辆在下坡途中制动突然失效,可采取以下方式处理:

(1)察看路边有无障碍物可帮助减速或有无宽阔地带可迂回减速、停车。最好是利用道路边专设的紧急停车道停车。

(2)若无可利用的地形和时机,应迅速抬起加速踏板,从高速挡向低速挡"抢挡",利用变速器变速比的突然增大和发动机的制动作用遏制车速。

自动紧急制动系统

自动紧急制动系统(AEBS)包含前撞预警和自动紧急制动两个功能,对于减少或避免由于驾驶员精神不集中、疲劳驾驶导致车辆追尾事故的发生效果显著。车长大于9m的营运客车应装备自动紧急制动系统。

该系统能自动监测自车与障碍物车辆间的距离及相对速度,从而判断碰撞时间,并根据这个时间提供初级碰撞警告以及碰撞警告。初级碰撞警告的目的是告知其前方出现障碍物车辆,这样驾驶员就可以准备采取必要措施来避免碰撞。而碰撞警告是通知驾驶员应立即采取措施避开碰撞。当满足报警条件时,预警系统会立即发出碰撞警告信息,同时传输给卫星定位系统车载终端。

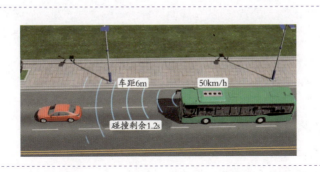

8. 转向失控急停车

行车途中突发转向失控时,驾驶员要沉着冷静,判明险情程度,采取应急措施,切不可惊慌失措,贻误时机,使险情加剧。

转向突然失控时,驾驶员应按下列方法进行操作:

(1)立即松抬加速踏板,减挡减速,同时打开危险报警闪光灯、交替变光、鸣喇叭或打手势等,对道路上其他通行的车辆及行人发出警示信号。

(2)如果车辆和前方道路情况允许保持直线行驶时,驾驶员可均匀而用力拉紧驻车制动器操纵杆进行辅助制动。当车速明显降低时,再轻踩制动踏板,使车辆缓慢平稳地停下。

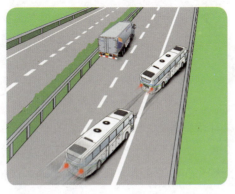

（3）当未配备ABS的车辆偏离直线行驶方向，事故已经无可避免时，驾驶员应果断地连续踏制动踏板，使车辆尽快减速停车，减轻车辆撞击时的力度。

9.车辆碰撞降损伤

车辆发生碰撞，是交通事故中最常见的表现形式之一。当车辆不可避免要发生正面碰撞时，如果撞击方向在驾驶员一侧，驾驶员应在即将发生的一瞬间，迅速抬起双腿，将双手从转向盘旁移开，同时令身体向右侧卧，避免转向盘挤压身体导致受伤。如果车辆即将发生侧面碰撞，驾驶员应紧握转向盘，令手臂稍微弯曲，同时将身体向后侧倾斜，双腿挺直，使双脚触碰至驾驶室底板，利用座椅靠背以及底板的力量形成支撑。

车道偏离预警系统

车道偏离预警系统（LDWS）对于减少或避免由于驾驶员精神不集中、疲劳驾驶导致车辆偏离车道事故的发生效果显著。车长大于9m的营运客车应装备车道偏离预警系统。

车道偏离预警系统能检测到符合国家标准的黄色和白色实线、黄色和白色虚线、双黄和双白实线、双黄和双白虚线、黄色和白色虚实线。正常道路条件下行驶时,预警系统能在白天、夜晚、黄昏和黎明等光照条件下检测到车道线;当驾驶员有变线或转向倾向并打开正确方向的转向灯时,预警系统不会发出车道偏离警告;当刮水器动作时,预警系统能正常工作;当满足报警条件时,预警系统就会立即发出车道偏离警告信息,同时传输给卫星定位系统车载终端。

车道偏离预警系统

10. 车辆起火速疏散

车辆行驶中,发动机温度过高、电路老化短路、油路连接处松动、轮胎摩擦过热、碰撞后燃油大量泄漏或者载运危险物品等诸多因素都会诱发火灾。

❶ **防止火势蔓延**

(1)将车辆停在远离加油站、建筑物、高压电线、树木、灌木丛及车辆或其他易燃物品的空旷地带,设法救火,确保火势不再蔓延。

(2)当着火危及周围房屋、电线电缆以及易燃物品时,应隔离火场,并迅速采取措施以防火焰蔓延,减少损失。

(3)高速公路行车发生火灾时,应将车辆停靠在路肩上,并尽可能地远离高速公路的收费站、服务区、停车场等公共场所,以防引起更大的损失。

❷ **逃离火灾**

(1)逃离火灾前,关闭发动机点火开关、电源总开关和百叶窗,设法与旅客迅速撤离驾驶室;逃离时如果无法打开驾驶室门,应用车上的坚硬物体敲碎风窗玻璃脱离汽车。

（2）当火焰逼近，无法躲避时，可用身体猛压火焰，冲出一条生路。冲出时，及早脱去化纤类衣服，注意保护裸露的皮肤，不要张嘴呼吸或高声呼喊。

（3）及时报警，视火情采取合适的灭火措施。如果火源不清或不知怎样灭火，尤其是易燃易爆危险品着火时，应立即远离现场，等待消防人员来灭火。

❸ 正确使用灭火器

一般车载灭火器通常为手提式干粉灭火器，有一定的保质期，必须按期进行更换。灭火器的正确使用步骤如下：

（1）距燃烧物5m左右，撕掉小铅块。

（2）拔出保险销。

（3）提起灭火器，用右手压下压把，用左手握住喷嘴，将干粉喷向燃烧区。

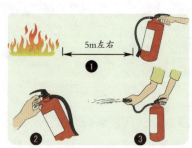

④ 不同情形下的灭火方法

（1）水可以用于熄灭纸张、布匹和轮胎引起的火焰，但不能用来熄灭电器、汽油引起的火焰。

（2）发动机着火时，应将发动机关闭，尽量不打开发动机罩，从车身通气孔、散热器及车底侧进行灭火。

（3）燃油着火时，切不可用水去浇，应做好油箱的防爆工作，并切断油路，选择适用的灭火器灭火；若无灭火器，可用路边沙土或厚布、工作服等覆盖灭火以防火势蔓延。

（4）救火时，应脱去所穿的化纤服装，注意保护暴露的皮肤。不要撕扯已经黏在皮肤上的衣服，以免将表皮一起撕下，造成细菌侵入。不要张嘴呼吸或高声呐喊，以免烟火灼伤上呼吸道。

（5）使用灭火器时，人要站在上风处，尽量远离火源，灭火器要瞄准火源而不是火苗，借风势将灭火器泡沫吹向火源。

（6）因翻车、撞车等车祸而引起火灾时，首先抢救伤员，并对车辆采取有效的补救措施，如用路边地里的沙、土掩盖或用棉被、衣服浸水扑盖，使火焰熄灭。

（7）如果是发动机舱内着火，应迅速关闭发动机，尽量不打开发动机罩，从车身通气孔、散热器及车底侧进行灭火。

（8）如果客车车厢内冒烟或出现火苗，应对准起火部位开展灭火措施，尽量在初期阶段就扑灭火焰。

（9）如果货车装运的货物着火时，尤其是危险物品着火，驾驶员应先将车辆驶离闹市区、加油站、服务区、高压电线、灌木丛及其他易燃易爆物品存放区，安全停车后，迅速报警，再用灭火器对准起火部位开展灭火。灭火时不要打开货厢门，否则会因进入氧气而导致火势迅速蔓延。

11. 旅客发病急救治

客运车辆上经常出现旅客突发疾病的情况，病情危重的旅客如果在发病初期得不到及时有效的治疗，甚至会有生命危险。旅客常见的突发疾病有心血管疾病、癫痫、哮喘、关节扭伤、晕车、中暑等。

旅客突发疾病的应急处理

若发现车上旅客突发疾病，驾驶员和乘务员要根据掌握的急救知识初步判断旅客病症，在车内积极寻找医务人员，应及时检查旅客是否随身携带急救药物，帮助其尽快服药。如旅客未携带药品，应及时拨打120求救，尽快将旅客送往医院，送医过程中，车上医务人员可采取初步的急救方法救治患者，以免延误救治时机。几种常见疾病的应急处置措施见表4-1。

几种常见疾病的应急处置措施　　　　表4-1

突发疾病类型	应急处置措施
昏厥晕倒	让患者躺下平卧，头部偏向一侧并稍放低。松解领口、衣服，确保呼吸畅通。采取人工呼吸和心脏按压的方法进行急救，也可用指甲掐人中、涌泉、少商等穴位，促使其苏醒。若有心脏病史，可口服硝酸甘油、麝香保心丸
关节扭伤	切忌摇揉按摩，有条件的话用冷水或冰块冷敷，外擦松节油或涂三七粉、云南白药，或用活血、散淤、消肿的中草药外敷包扎
低血糖休克	食用含糖较高的物质，如饼干、糖块、果汁等
中暑	尽快撤离引起中暑的高温环境，选择阴凉通风的地方休息，松解衣扣，通过冷敷头部、温水擦拭身体等方法尽快冷却体温，在太阳穴处涂抹清凉油、风油精，服用解暑饮品或人丹等中药
晕车	服用晕车药

12.驾驶员发病早停车

驾驶员常见的突发疾病有心律失常、心肌梗死、脑出血、低血糖休克、中暑等。驾驶员突发疾病引起剧痛或者病情危重时,会丧失意识,失去操控车辆的能力,导致车辆失控,偏离行驶路线,撞击路上的车辆、行人或其他障碍物。在桥梁或临崖临水路段会坠桥、坠崖、落水,引发严重伤亡的重大道路交通事故。

驾驶员突发疾病初期,如果自己仍有意识,要开启危险报警闪光灯,提示其他车辆和行人注意避让,同时连续踩踏制动踏板,将车辆尽快停到路边安全地带,打开车门,向旅客解释原因,疏散旅客,如携带对症急救药品,积极自救,如没有,则拨打120或者寻求旅客帮助。

驾驶员发病的应急处置

驾驶员突发疾病的预防措施

(1)定期检查身体。驾驶员每年应进行一次职业性体检,以便早期发现与职业有关的疾病,及时治疗处理。

(2)出车前自查身体状况。驾驶员每次出车前应自查身体状况,不能在体力、精力不好的情况下勉强驾车,以免途中病情加重、情绪失控。

(3)做好自我保健工作。要加强营养,锻炼身体,增强体质,保持良好的身心状态。饮食要有规律,多吃高蛋白、粗纤维以及新鲜蔬菜、水果等富含维生素的食物,饭后应休息20~30min再开车,一方面有利于消化,另一方面可预防饭后困顿。保持充足的睡眠时间,确保睡眠质量。掌握有效的心理调节方法,自我疏导不良情绪。

13. 车辆落水速逃生

行车中误入积水或者车辆坠入河塘时，车上人员的处境将会非常危险。当车辆突然落水时，驾驶员需要保持清醒的头脑，及时采取正确的自救措施，以获得逃生机会。

（1）在落水的瞬间，不要急于解开安全带，防止落水时的冲击力造成人员受伤。

（2）刚落水后，车辆还不会完全下沉，驾驶员应尽快解开安全带，在第一时间开启车门或使用安全锤等尖锐器械砸碎风窗玻璃，协助旅客安全撤离。

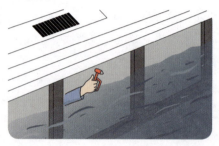

（3）逃生时，应注意抓稳门框或窗框，防止被涌入的水流冲回车内。

（4）暴雨天气行车时，驾驶员应尽量避开低洼地段，控制好车速，不盲目跟随前车驶入积水地段。遇到积水且前后堵住无法驶离时，应及时弃车到较高的地方等待救援。

第四章 临危处置 从容应对

14. 危化品泄漏切源头

驾驶员发现旅客随身携带或在行李、货物中夹带易燃、易爆、有毒、有腐蚀性、有放射性及有可能危及车上人员人身和财产安全的危险物品或者国家规定的违禁物品时,应制止其携带上车,耐心做好解释工作。

客运车辆和普通货物运输车辆禁止携带的危险品见表4-2。

客运车辆和普通货物运输车辆禁止携带的危险品　　表4-2

危禁品类别及品名		代表性物质	危害性
易燃、易爆物品	易燃、助燃、可燃毒性压缩气体和液化气体	液化石油气、天然气、煤气(瓦斯)、氢气、甲烷、乙烷、丁烷、乙烯、丙烯、乙炔(溶于介质的)、一氧化碳、氧气等	受热、撞击、遇湿等外界作用,能发生剧烈的化学反应,瞬时发生爆炸或燃烧,并可能散发出有毒烟雾或有毒气体
	易燃液体	汽油、煤油、柴油、苯、乙醇(酒精)、丙酮、乙醚、油漆、稀料、松香油及含易燃溶剂的制品等	
	易燃固体	红磷、闪光粉、固体酒精、赛璐珞等	
	自燃物品	黄磷、白磷、硝化纤维(含胶片)、油纸及其制品等	
	遇水燃烧物品	金属钾、钠、锂、碳化钙(电石)、镁铝粉等	
	氧化性物质和有机过氧化物	高锰酸钾、氯酸钾、过氧化钠、过氧化钾、过氧化铅、过氧乙酸、双氧水等	
毒害品		氰化物、砒霜、毒鼠强、汞(水银)、剧毒农药等剧毒化学品以及硒粉、苯酚、生漆等	吸入或皮肤接触后可能造成严重受伤、健康损害甚至死亡

续上表

危禁品类别及品名		代表性物质	危害性
腐蚀性物品		盐酸、硫酸、硝酸、氢氧化钠、氢氧化钾、蓄电池（含氢氧化钾固体或注有碱液的）等	人体接触时会造成严重受伤；遗撒时，腐蚀车身部件，甚至引发火灾
放射性物品		夜光粉、发光剂、放射性同位素等放射性物品	轻者会造成细胞损伤、头晕、疲乏、脱发等；重者会引起白血病、癌变甚至死亡，或引起基因突变和染色体畸变
爆炸物品类	弹药	炸弹、照明弹、燃烧弹、烟雾弹、信号弹、催泪弹、毒气弹和子弹等	受热、撞击等外界作用，能发生剧烈的化学反应，瞬时发生爆炸或燃烧
	爆破器材	炸药、雷管、导火索、导爆索、爆破剂等	
	烟火制品	礼花弹、烟花、爆竹、黑火药、烟火剂、引线等	
管制刀具、枪械类	枪械类	自制枪、制式枪、仿真枪等	制造抢劫、人身伤害事件，妨碍公共安全
	管制刀具	匕首、三棱刀、带有自锁装置的刀具和形似匕首但长度超过匕首的单刃刀、双刃刀以及其他类似的单、双刃刀，三棱尖刀等	
其他物品	有强烈刺激性气味、恶臭等异味的物品等	榴梿、大蒜油等	妨碍公共安全、公共卫生或社会秩序
	动物	狗、猪等	
	尸体、尸骨	—	
	国家法律、法规规定的其他禁运的物品	毒品、伪劣药品以及伪造、变造、非法印刷的人民币等	妨碍社会安全或社会秩序

第四章 临危处置 从容应对

运输过程中，一旦发现上述危险货物发生泄漏或遗撒，应立即采取应急处置措施，避免险情进一步扩大。

❶ 立即停车

（1）尽可能将车辆停放在公路或高速公路右侧允许临时停车的地方，如安全岛、右侧路肩、应急车道等。严禁在以下地点停车：人群集中区域、水源地重要建筑物附近，如学校、加油站、桥梁隧道、水库等；树下、电线杆、高压线、铁塔等容易遭到雷击的地点。

（2）车辆停稳后，拉紧驻车制动器操纵杆，关闭发动机，开启危险报警闪光灯。夜间，还应开启示廓灯及后位灯。

（3）在车辆后方同车道50～100m处设置故障车警告标志。如在高速公路上，应在150m外设置故障车警告标志。

（4）不要站在危险货物泄漏方向的下风处，避免吸入有毒有害气体。

❷ 切断危险源

关闭点火开关、电源总开关，切断整车电路。不要在事故现场附近使用手机等电子设备，不得吸烟。

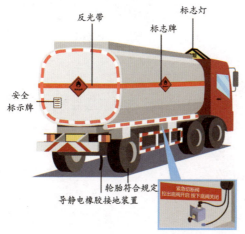

③ 紧急疏散

发生危险品泄漏、着火等危险情况时，应尽快协助旅客下车并转移到上风安全区域。同时做好隔离和警戒工作，劝导周围群众不要围观，并远离危险区。

④ 报警求助

发生紧急情况时，驾驶员应转移到上风安全区域，并根据事件现场发展情况向当地消防部门（119）、公安部门（110）、急救中心（120）等请求救援。

⑤ 抢救伤员

事故现场有人员伤亡的，驾驶员应立即抢救受伤人员（如止血、包扎、固定），及时将轻微伤员和其他人员疏散到安全地带。因抢救受伤人员变动现场的，应当标记伤员的原始位置。

⑥ 及时汇报

驾驶员应当迅速向事发地公安交通管理部门、交通运输部门和网约车经营者报告突发事件的有关内容，包括时间、地点、危险品泄漏和着火情况、初步估计的事故发生原因等。

15. 偷盗抢夺巧应对

客运车辆上旅客较多,尤其是上下车时容易混乱。为窃贼行窃提供了可乘之机。驾驶员和乘务员有义务提醒旅客提高警惕,正确处理偷窃抢夺事件,维护旅客财产和人身安全。

发生偷盗抢夺事件时,驾驶员要沉着冷静,巧妙处理险情,注意保护自身和旅客的安全,尽量不要与歹徒发生正面冲突,切不可惊慌失措。

驾驶员一定要冷静、临危不惧,观察周围环境,随机应变,及时启动报警装置。如果行车中遇到警察或警车时,要设法做出能引起警察注意的举动,如违章行驶、突然停车等。

通过犯罪分子的言行和自己的观察分析,判明犯罪分子的真实企图是抢钱还是劫车。在财产和生命安全面前,应当首先考虑生命安全。如果劫匪人数多,停车地方又偏僻,弃车保全生命、牢记犯罪分子体貌特征、保存好相关证据、及时向公安机关报案是上策。

要记住歹徒的体貌特征

犯罪分子劫车一般在停车后下手,驾驶员发现有劫车企图时,不要轻易停放,也不要轻易下车,尽可能将车开到机关、厂矿、学校、居民区等人多、繁华的地区停车，夜间要开到路灯下停放。

如有旅客报告失窃，驾驶员要立即安全停车，详细了解旅客被盗财务情况，在取得其他旅客同意的前提下，拨打110报警或将公交车开到附近公安机关，交由警察处理。

16. 非传统安全严防范

交通运输行业点多面广、人员密集、流动性高、运行环境开放，易受到各种非传统安全因素的干扰。

 典型案例

湖南常德"3·22"客车爆燃事件

2019年3月22日，河南籍旅游客车"豫AZ8999"，行驶至长张高速湖南常德太子庙收费站附近时，旅客陈某非法携带的易燃易爆物质爆燃，造成26人死亡。

第四章 临危处置 从容应对

《中华人民共和国反恐怖主义法》相关规定

《中华人民共和国反恐怖主义法》第三十五条规定，对航空器、列车、船舶、城市轨道车辆、公共电汽车等公共交通运输工具，营运单位应当依照规定配备安保人员和相应设备、设施，加强安全检查和保卫工作。

为了防范非传统安全事件发生，驾驶员应在日常的生活和工作中做好以下准备：

（1）提高应急处置技能。加强对法律法规的学习力度，参加安全教育培训，不断提升自身应对突发情况的应急处置能力，做到能够冷静、妥善处理各类突发事件。

（2）强化安全反恐工作。利用科技手段提高反恐监控能力，落实"三不进站、六不出站"的规定，严防可疑人员上车，做好行李物品的安全检查工作和对旅客的宣传教育工作，保证车辆和人员安全。

17. 重大疫情严防控

在疫情预警期间，驾驶员要采取以下处置措施：

（1）严格遵守交通运输部门的通行规定、各地通行路线与实践的限制要求，以及相关防控措施。

（2）提前掌握运输全程沿途留验站设置情况。

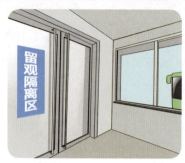

（3）上岗前测量体温，并做好自我防护措施。

（4）行车前要做好车辆技术维护，确保车辆技术状况良好。同时，随车配备必要的防护和消毒物品。

（5）行车前配合其他驾乘人员做好自我防护、旅客体温检测、长途客运旅客实名登记等措施，倡导旅客佩戴口罩乘车。

第四章 临危处置 从容应对

（6）行车过程中全程佩戴口罩，不与其他人员交谈，保持手部卫生，不用手触摸眼、口、鼻，注意随时通风消毒。

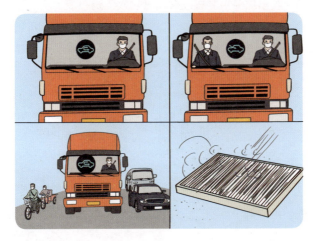

（7）途中有发热的旅客，要按照国务院联防联控机制及时进行处理。做好自身及其他旅客的防护工作，以最快的方式将发热旅客送至留验站。

（8）三类以上道路客运班线客车要严格执行"点对点"运输，不得站外上下客、不得在未设置卫生检疫站的站点配客，客运包车不得招揽包车合同以外的旅客。

（9）在高速公路服务区、收费站、省界等地点设置的卫生检疫站，配合体温检测，耐心等待。

（10）收车后要用肥皂或有消毒功效的洗手液清洗双手。

（11）出现发热、畏寒及呼吸道症状时，及时就医，并向公司及主管部门上报病情。

第五章 规范处置 科学施救

道路客货运输途中，遇到旅客突发疾病或因事故造成意外伤害时，驾驶员要及时选择安全的地点停车，力所能及地进行自救和互救，同时拨打急救电话，请求医疗救护机构支援。

1. 救护谨遵"四原则"

（1）正确判断伤情。

在事故现场发现伤员时，首先对伤员的处境和伤情进行全面检查和判断，例如，是否有重物压在伤员身上，是否有异物插入伤员体内，伤员是否出现昏迷、呼吸中断等症状，伤员是否出血、骨折等。对于意识清醒的伤员，要询问哪里疼痛和不适，初步判断受伤部位，以便选择正确的急救方法。

（2）科学施救，避免造成二次伤害。

抢救人员要沉着、仔细，根据伤员的处境和伤情，科学实施救护。从车体中移出伤员时，动作要轻柔，尽可能移开压在伤员身上的物品，不要强行拉拽伤员的肢体；不要随意拔出插入伤员体内的异物；正确搬运伤员，避免因搬运不当加重伤员伤势。

（3）选择安全的场所实施救护。

尽快将伤员救离事故现场，尽量选择广场和空地等开阔区域，在救护车能够接近的安全地方和夜间有照明的地方实施抢救，不能在弯道、坡道或交叉路口等危险区域实施抢救。要尽可能用救护车运送伤员,让伤员平卧,减少运送途中的二次损伤。

（4）先救命,后治伤。

在等待专业救护人员赶赴事故现场时,要先抢救昏迷、休克、呼吸中断的重症伤员,再护理需伤口包扎、固定等处理的一般伤员。

2.伤员失血速包扎

❶ 指压止血法

用手指或敷料直接压迫出血部位近心端的动脉,阻断动脉血液流动,以达到快速止血的目的。不同部位动脉出血的指压止血方法及操作要求见表5-1。

不同部位动脉出血的指压止血方法及操作要求　　表5-1

出血部位	压迫方法	操作要求
颞浅动脉	用拇指或食指在伤员耳前正对下颌关节处（耳屏上方1.5cm处）用力压迫止血	（1）指压动脉压迫点准确; （2）压迫力度适中,以伤口不出血为准; （3）压迫10~15min; （4）保持伤处肢体抬高

续上表

出血部位	压迫方法	操作要求
颈总动脉 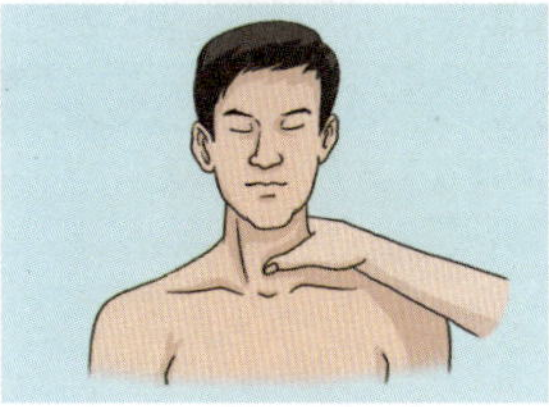	（1）用拇指或食指在伤员气管外侧、胸锁乳突肌深前缘，将伤侧颈动脉向后压于第五颈椎上止血； （2）禁止同时压迫两侧的颈动脉	（1）指压动脉压迫点准确； （2）压迫力度适中，以伤口不出血为准； （3）压迫10~15min； （4）保持伤处肢体抬高
肱动脉 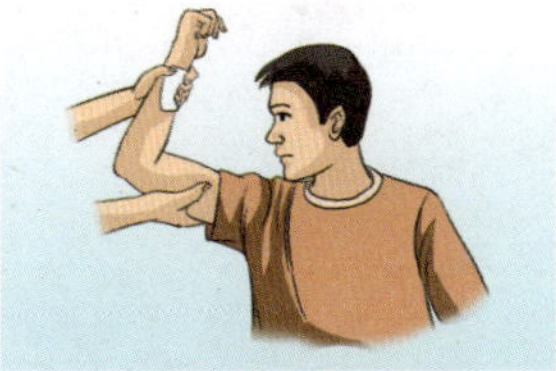	在伤员上臂中段的内侧摸到肱动脉搏动后，用拇指或其余四指压迫止血	
股动脉 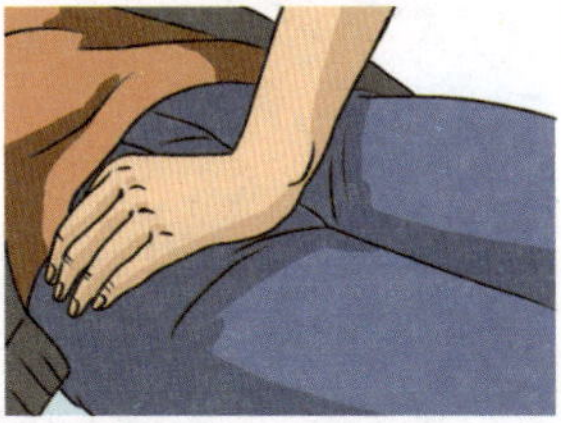	在腹股沟韧带中点偏内侧下方摸到股动脉搏动后，用拇指或掌根向外上压迫止血	
桡、尺动脉 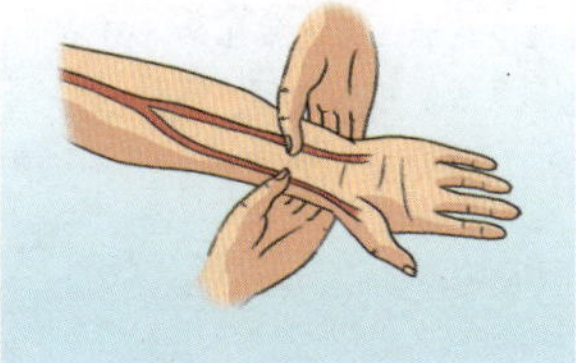	用双手的拇指同时按压腕部掌面两侧的桡、尺两条动脉止血	

2 加压包扎止血法

用敷料或者其他洁净的毛巾、手绢、三角巾等覆盖伤口,通过加压包扎压迫出血部位进行止血。操作步骤及要求见表5-2。

加压包扎止血的步骤及操作要求　　　　表5-2

步骤	操作内容	操作要求
第一步	准备包扎物品	准备纱布、三角巾或绷带
第二步	清除伤口异物 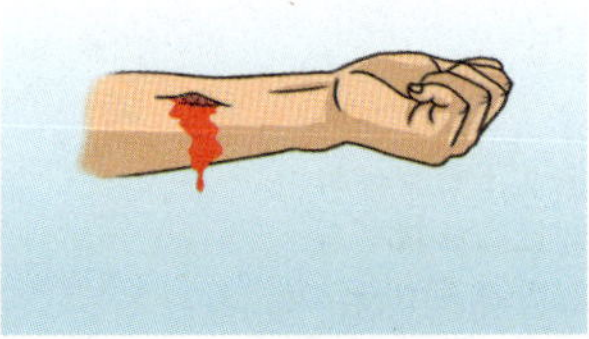	让伤员卧位,抬高上肢,检查伤口,清洗伤口并清除伤口处的异物
第三步	用纱布垫敷于伤口 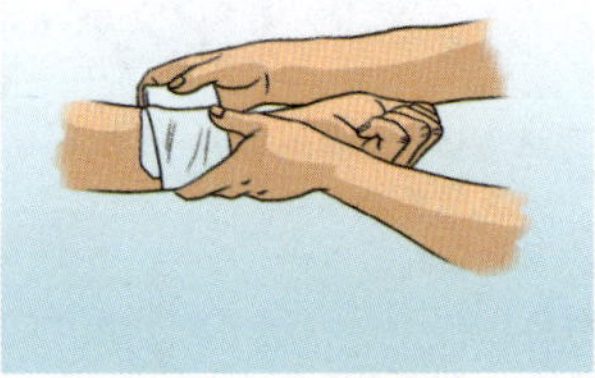	用敷料覆盖伤口,敷料要超过伤口至少3cm
第四步	加压包扎 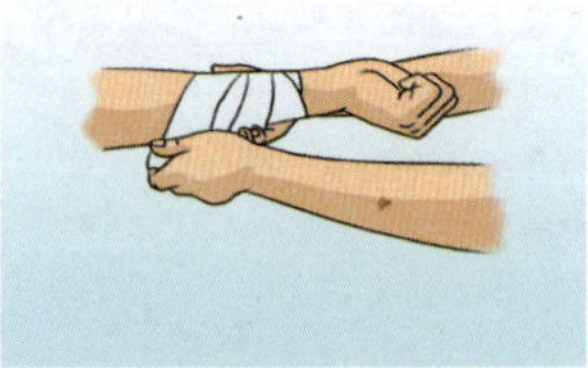	用手施加压力直接压迫,用三角巾或绷带紧紧包扎出血部位

第五章　规范处置　科学施救

续上表

步骤	操作内容	操作要求
第五步	检查血液循环情况	包扎后，注意观察肢体末梢血液循环情况，正常应无明显青紫肿胀及感觉麻木等症状

❸ 加垫屈肢止血法

对于前臂、上臂或小腿出血，且没有骨折和关节损伤的情况，可以通过加垫屈肢达到止血目的。加垫部位及操作要求见表5-3。

加垫部位及操作要求　　　　表5-3

出血部位	加垫部位	操作要求
上肢前臂	肘窝	（1）准备纱布或毛巾、三角巾或绷带； （2）在肘窝处放置纱布、毛巾或衣物等物； （3）肘关节屈曲，用绷带或三角巾屈肘固定
上肢上臂	腋窝	（1）准备纱布或毛巾、三角巾或绷带； （2）在腋窝处放置纱布、毛巾或衣物等物； （3）将前臂屈曲于胸前，用绷带或三角巾将上臂固定在胸前

续上表

出血部位	加垫部位	操作要求
下肢小腿	腘窝 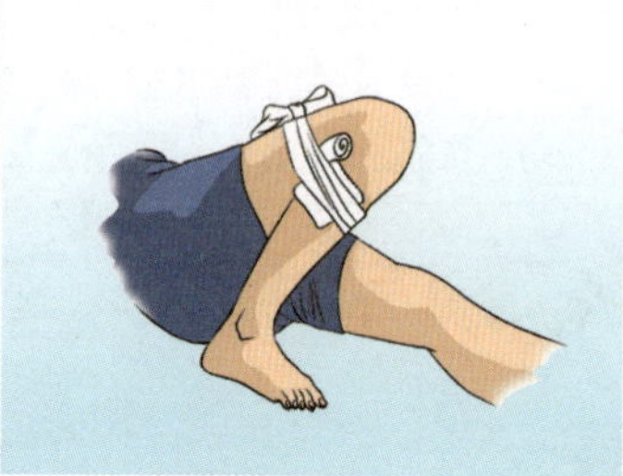	（1）准备纱布或毛巾、三角巾或绷带； （2）在腘窝处放置纱布、毛巾或衣物等物； （3）膝关节屈曲，用绷带屈膝固定

❹ 绷带包扎法

用绷带包扎伤口，目的是固定盖在伤口上的纱布，固定骨折或挫伤，并有压迫止血的作用，还可以保护患处。不同绷带包扎方法的操作要求见表5-4。

不同绷带包扎方法的操作要求　　　　表5-4

包扎方法	图示	操作要求
环形包扎	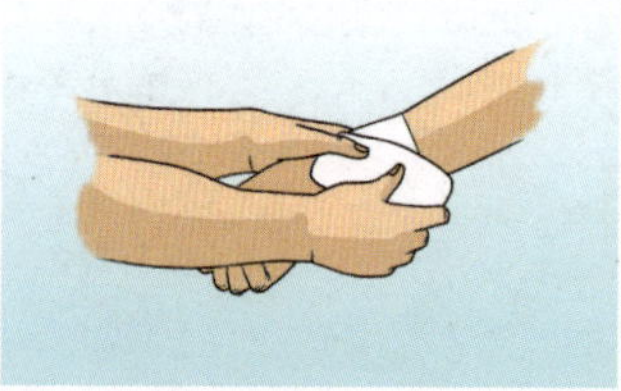	（1）准备纱布、绷带、胶带； （2）用消毒敷料覆盖伤口，用左手将绷带固定在敷料上，右手持绷带卷绕肢体紧密缠绕
	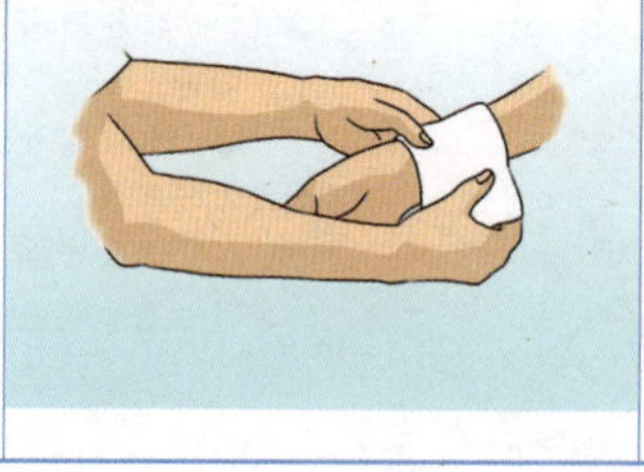	（3）将绷带打开一端稍作斜状环绕第一圈，将第一圈斜出一角压入环形圈内，环形绕第二圈； （4）环形缠绕4~5层，每圈盖住前一圈，绷带缠绕范围要超出敷料边缘

第五章　规范处置　科学施救

续上表

包扎方法	图示	操作要求
环形包扎	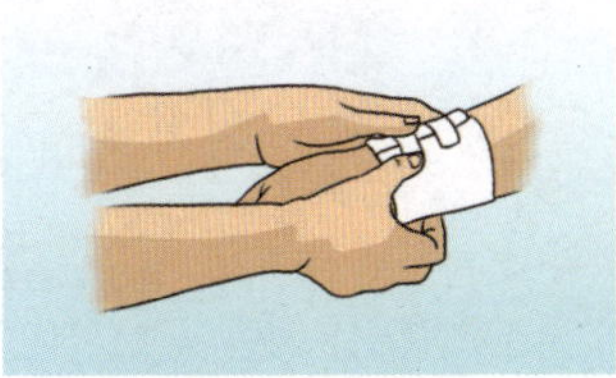	（5）最后用胶布粘贴固定，或将绷带尾从中间纵向剪开形成两个布条，两布条先打一结，然后两布条绕体打结固定
手掌"8"字包扎	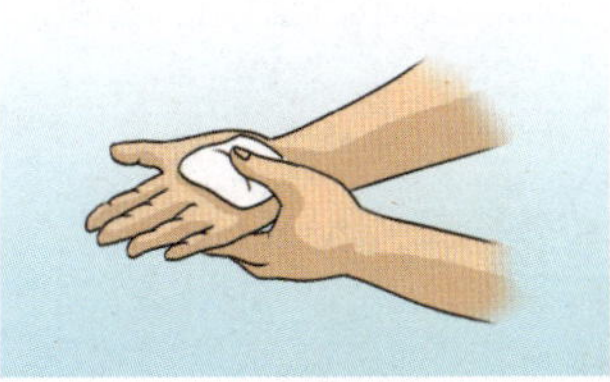	（1）准备纱布、绷带； （2）用消毒敷料覆盖伤口
	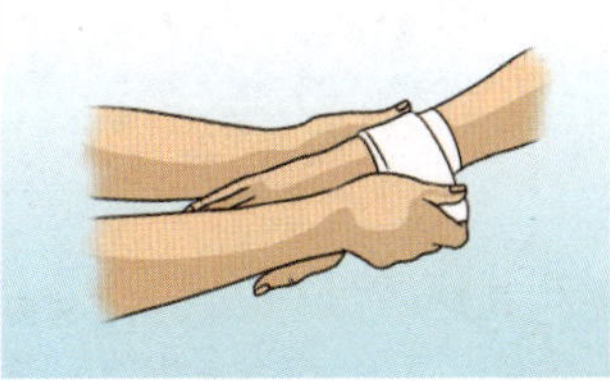	（3）从手腕部开始包扎，先环形缠绕两圈
	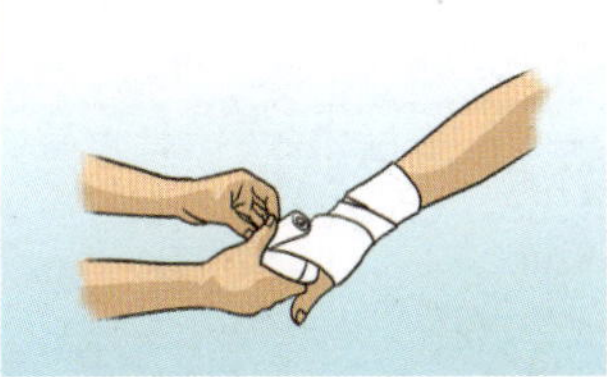	（4）经手和腕进行"8"字缠绕
	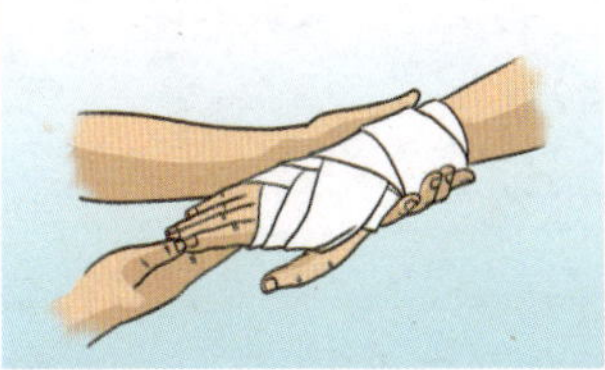	（5）将绷带尾端固定在腕部

续上表

包扎方法	图示	操作要求
螺旋包扎	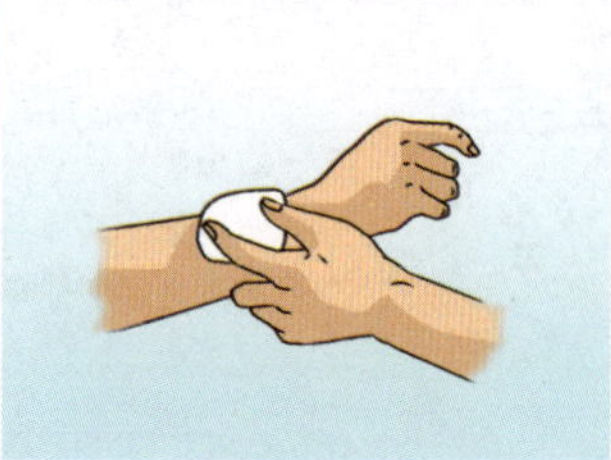	（1）准备纱布、绷带、胶带； （2）用消毒敷料覆盖伤口
	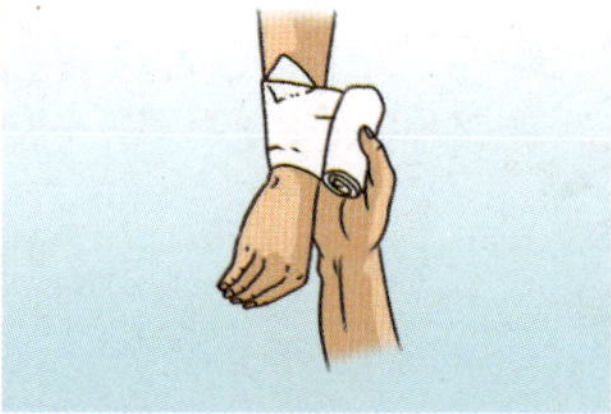	（3）先环形缠绕两圈
	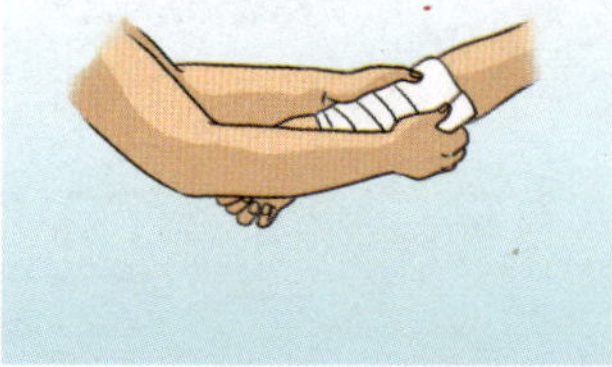	（4）从第三圈开始，环绕时压住前圈1/3或2/3呈螺旋形
	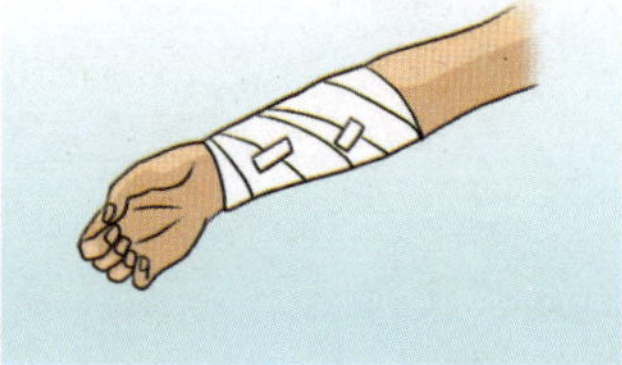	（5）最后用胶布粘贴固定

❺ 三角巾包扎法

不同三角巾包扎方法的操作要求见表5-5。

第五章　规范处置　科学施救

不同三角巾包扎方法的操作要求　　表5-5

包扎方法	图示	操作要求
头顶帽式包扎	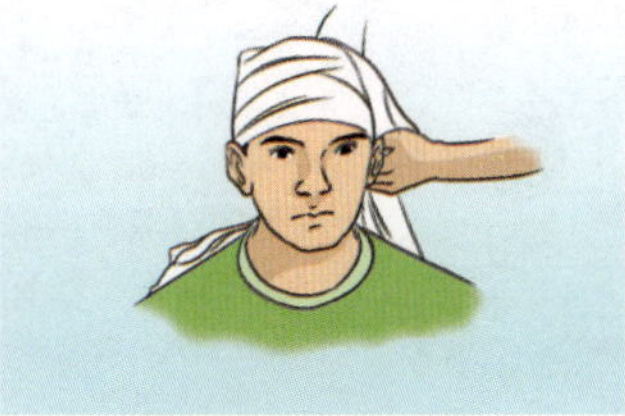	（1）将三角巾的底边叠成约两横指宽，边缘置于伤员前额齐眉，顶角向后位于脑后；
	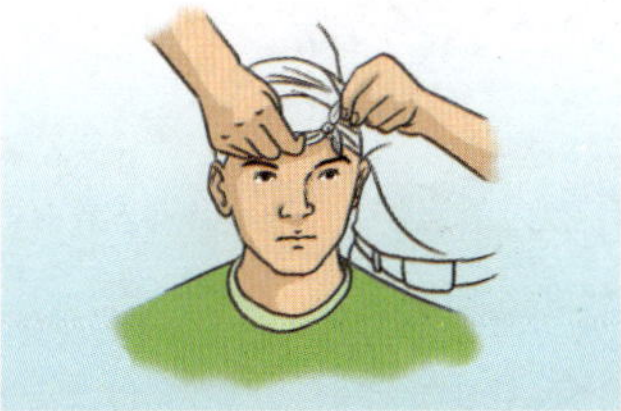	（2）三角巾的两底角经两耳上方拉向头后部交叉并压住顶角，再绕回前额相遇打结；
	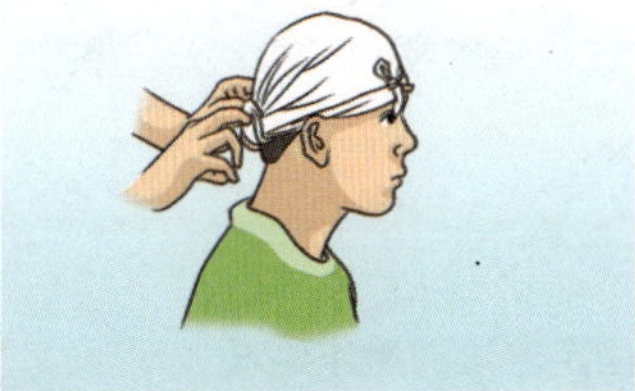	（3）顶角拉近，掖入头后部交叉处内
肩部包扎	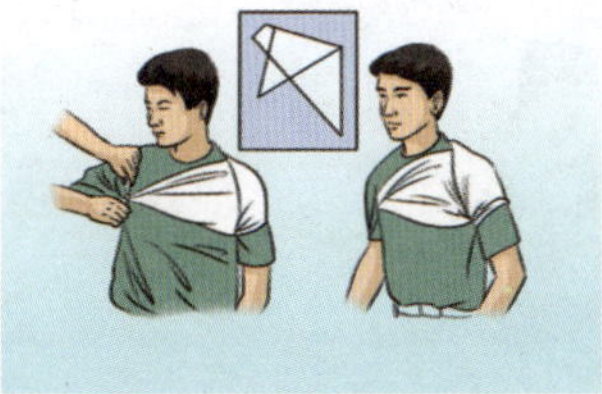	（1）三角巾折叠成燕尾式，燕尾夹角约90°，大片在后压小片，放于肩上； （2）燕尾夹角对准侧颈部； （3）燕尾底边两角包绕上肩上部并打结； （4）拉紧两燕尾角，分别经胸、背部至对侧腋下打结

73

续上表

包扎方法	图示	操作要求
胸部包扎	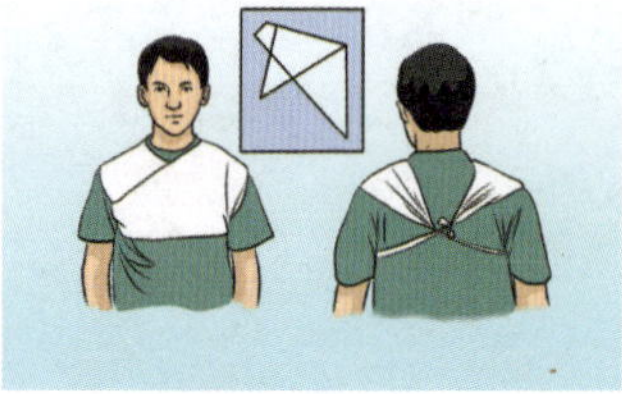	（1）三角巾折叠成燕尾式，燕尾夹角约100°，置于胸前，夹角对准胸骨上凹； （2）两燕尾角过肩于背后，将燕尾顶角系带，围胸在背后打结； （3）将一燕尾角系带拉紧绕横带后上提，再与另一燕尾角打结； （4）背部包扎时，把燕尾巾调到背部即可
腹部包扎	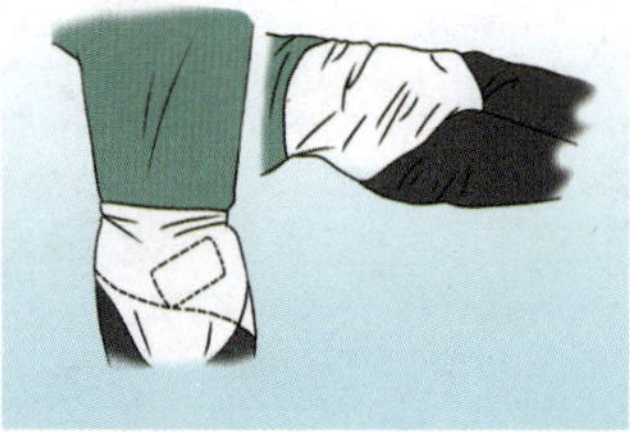	（1）三角巾底边向上，顶角向下横放在腹部； （2）两底角围绕到腰部后打结； （3）顶角由两腿间拉向后面，与两底角连接处打结

3. 骨折固定有技巧

骨折固定方法的操作要求见表5-6。

骨折固定方法的操作要求　　　　表5-6

包扎方法	图示	操作要求
肱骨骨折固定方法	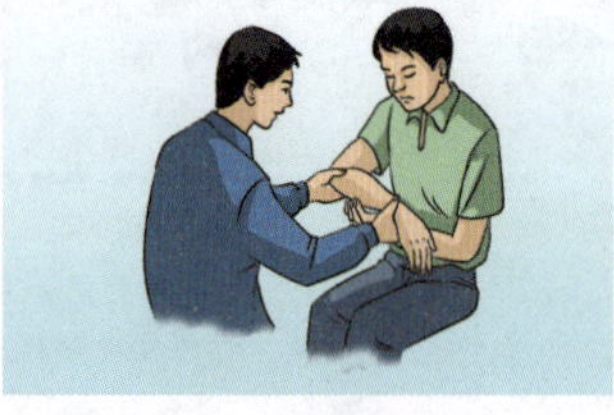	（1）将上肢轻放于功能位

第五章　规范处置　科学施救

续上表

包扎方法	图　示	操作要求
肱骨骨折固定方法	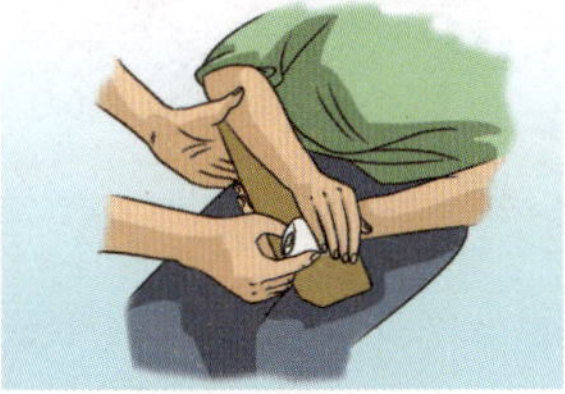	（2）置夹板超过肘关节和腕关节，并在骨突出处加垫
	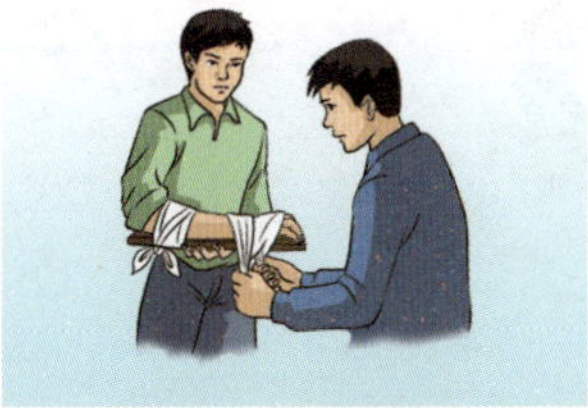	（3）先固定骨折部位上端，再固定骨折部位下端
	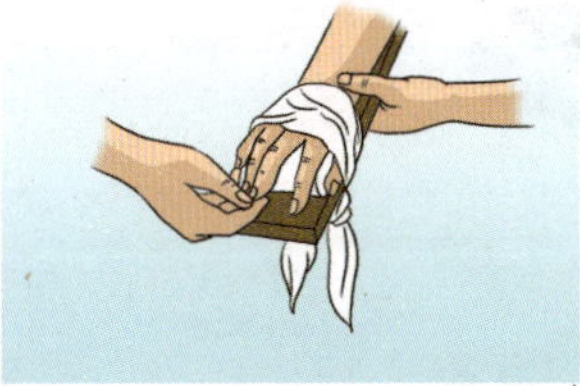	（4）检查末梢血液循环情况，正常应无明显青紫肿胀及感觉异常等症状
		（5）用三角巾、毛巾或大悬臂带等悬吊前臂

75

续上表

包扎方法	图示	操作要求
下肢骨折固定方法	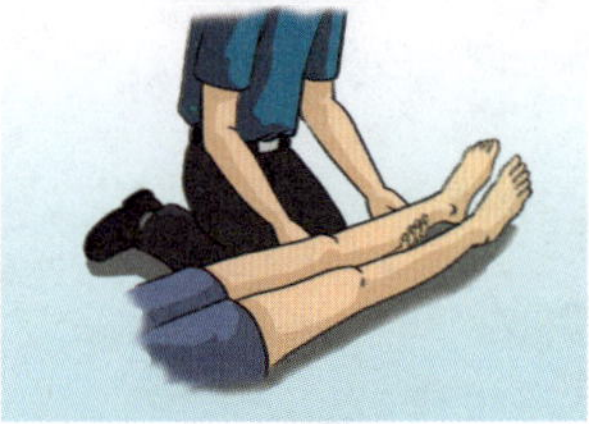	（1）轻轻抬起伤肢与健康肢并拢
	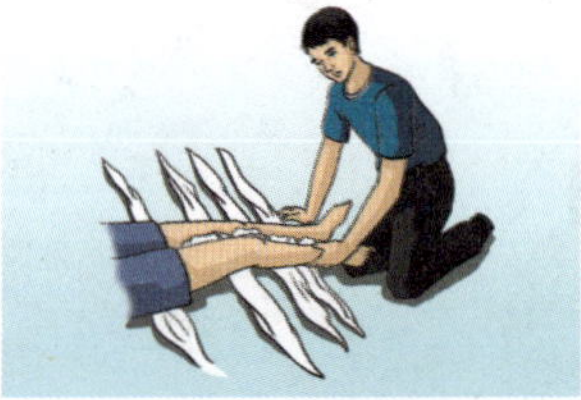	（2）放好宽布带，双下肢间加厚垫
	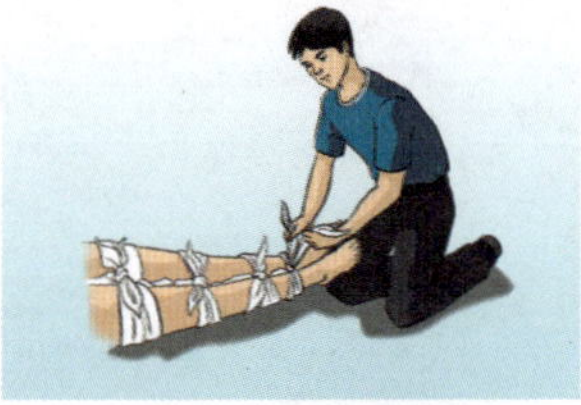	（3）自上而下打结固定
	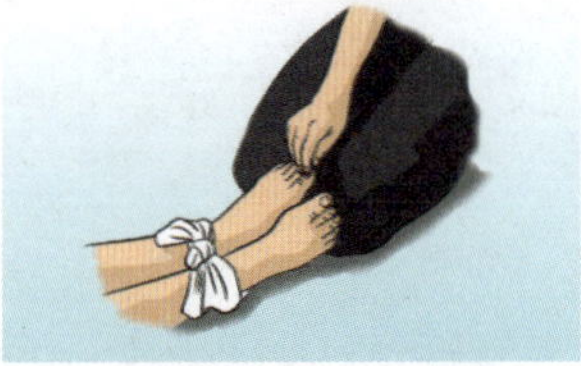	（4）检查肢体末端血液循环情况，正常应无明显青紫肿胀及感觉异常等症状
	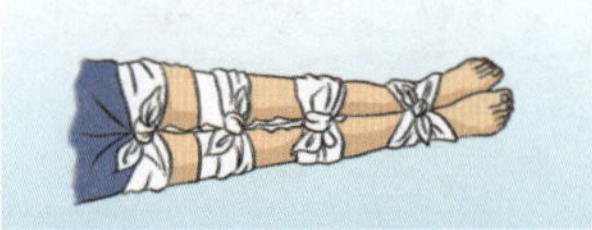	（5）双踝关节"8"字形固定

第五章　规范处置　科学施救

4. 烧伤救护讲科学

❶ 烫伤

烫伤的症状为：皮肤发红、起泡、感觉疼痛。在现场对烫伤进行处理时应首先考虑尽快降温，可以用流动的干净温水持续冲洗烫伤部位，直到不红、不疼、不起泡为准。

❷ 烧伤

内部组织受损的烧伤，可引起呼吸困难、休克、烧伤性疾病等危险，发现有烧伤的伤员时，应采取以下急救措施：

（1）迅速脱掉烧着的衣服，或采用浇冷水、就地打滚等方式扑灭衣服上的明火。

（2）用流动的干净温水持续冲洗除脸部之外的烧伤部位，直到不红、不疼、不起泡为止。

（3）用消过毒的纱布或清洁的被单覆盖除脸部之外的烧伤创面，不可用沙土、粉剂、油剂等敷抹。

（4）适量饮用淡盐水，防止脱水休克。

（5）若烧伤部位出现水泡，可以用塑料袋或保鲜膜轻轻覆盖在水泡上进行保护。

（6）反复检查呼吸和脉搏，防止休克，并尽快将伤者送往医院。

5. 伤员搬运要小心

救助人员应根据伤员伤情的轻重和类型，采取科学、合理的措施搬运伤员，如采用单人搀扶、多人平抬、担架搬运等，避免伤员受到二次伤害。伤员搬运方法的操作要求见表5-7。

伤员搬运方法的操作要求 表5-7

搬运方法	图 示	操 作 要 求
单人搀扶		搀扶伤员时,救助人员站在伤员的一侧,将其手臂放在自己肩、颈部,并拉住该手的手腕,另一只手扶住伤员的腰部行走。 单人搀扶法适用于转移伤势较轻、在有人帮助下能自己行走的伤员,比如单侧下肢受伤、头部外伤、上肢骨折、胸部骨折、头昏的伤员等
单人抱持		抱持伤员时,救助人员站在伤员的一侧,一手托住伤员的双腿,另一只手紧抱伤员的腰部或肩部,并可让神志清醒的伤员用手钩住自己的颈部。 单人抱持法适用于不能行走的伤员,如头部、胸部、腹部及下肢受重创的伤员
单人背运		背运伤员时,救助人员蹲在伤员前面,与伤员面朝同一方向,微弯背部,将病人背起。如伤员卧于地上不能站立,则救助人员卧于伤员一侧,一手紧握伤员肩部,另一手抱起伤员的腿用力翻身,使其负于自己的背上,慢慢站起来。 背运伤员法不适于胸部、腹部受伤的伤员

第五章　规范处置　科学施救

续上表

搬运方法	图示	操作要求
单人水平拖移	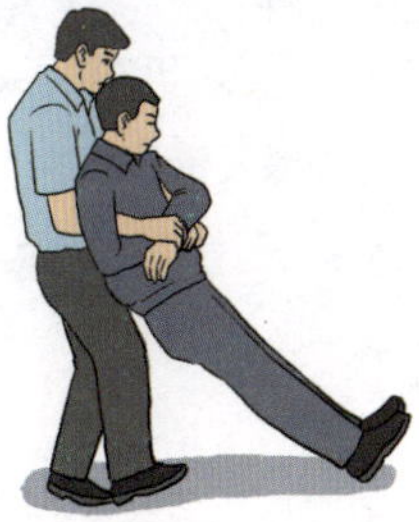	水平拖移伤员时，救助人员站在伤员背后，两手从其腋下伸到其胸前，先将伤员的双手交叉，再用自己的双手握紧伤员的双手，并将自己的下颌放在其头顶上，使伤员的背部紧靠在自己的胸前慢慢向后退着走。 单人水平拖移法用于不便于直接搀扶、抱持和背运的伤员救护，不论伤员神志清醒与否均可使用
多人平抬		采用多人平抬法时，一人抱伤员的双肩和头部，一人托住伤员的腰臀部，第三人托住伤员的双下肢，使伤员能水平搬运。对于怀疑有颈椎骨折的伤员，宜有一人牵引伤员的头颈部；对有内脏损伤的伤员，宜采用担架、木板等搬运。 对于怀疑有颈椎和脊柱损伤不宜站立行走的伤员，现场没有担架或者将伤员转移到担架上时，可采用多人平抬法
担架搬运	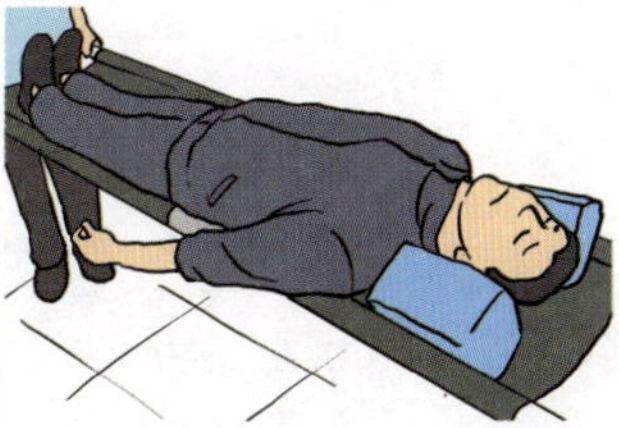	将脊柱骨折的伤员搬移至担架时，由3～4人站在伤员的右侧，分别用手托住伤员的肩、背、腰臀部和双下肢，颈椎骨折的伤员还要有一人专门托住伤员的头部，在统一口令下，协同将伤员搬至硬质担架上，并使伤员头向后，以便于后面抬的人观察其病情变化。为防止伤员头部来回晃动，伤员头部两侧要用沙袋或其他垫子塞住。搬运昏迷或有窒息危险的伤员时，要采用侧卧位。 担架搬运适用于路程长、病情重的伤员，主要有软质担架（如帆布、被服等）和硬质担架两种。脊柱和颈椎骨折的伤员，要采用硬质担架

第一篇

79

6. 心肺复苏能救命

对心脏、呼吸骤停伤员的有效抢救方法是对伤员进行口对口人工呼吸、胸外心脏按压，操作步骤及要求见表5-8。

心肺复苏抢救的步骤及操作要求　　　　表5-8

步　骤	操作内容	操作要求
第一步	判断伤员意识	（1）将伤员放置在硬板或平整的地面上，使其仰卧（即伤员面部向上平躺）； （2）救助人员跪在伤员的一侧，轻摇伤员肩膀及在耳边呼唤，必要时指掐人中穴，判断伤员是否丧失意识
第二步	开放伤员气道	（1）用一手的食指和中指抬起伤员下颌，同时用另一只手掌将伤员的前额下按，使其头部后仰，以保持伤员呼吸气道的开放、畅通； （2）清理伤员鼻腔和口腔中的异物
第三步	判断伤员呼吸情况	（1）将一侧脸颊靠近伤员口鼻，聆听呼吸声，同时观察胸腹有无上下起伏，以此判断伤员有无呼吸，时间5s； （2）若无呼吸，要立即进行口对口人工呼吸

第五章 规范处置 科学施救

续上表

步骤	操作内容	操作要求
第四步	实施口对口人工呼吸	（1）跪于伤员颈胸部一侧，一手食指和中指托起伤员下颌，另一手掌按住伤员额头，使其头部后仰，同时捏紧伤员鼻翼，包严嘴唇； （2）口对口用力吹气2次，每次持续吹气1s以上，潮气量500~600mL，频率10~12次/min，同时观察胸部起伏情况； （3）如果吹气后胸部起伏，说明气道通畅；如果无胸部起伏，说明气道不够通畅，需要重新清理口腔和鼻腔异物； （4）在伤员呼吸气道畅通的情况下，对伤员进行人工呼吸，在伤员胸壁扩张后，即停止吹气，让伤员胸壁自行回缩，呼出空气，如此反复进行
第五步	判断伤员脉搏情况	（1）进行2次人工呼吸后，触摸颈动脉（喉结旁2~3cm）有无搏动，以此判断有无心跳，单侧触摸，时间<10s； （2）如果颈动脉无搏动，必须同时进行胸外心脏按压
第六步	实施胸外心脏按压	（1）用单手掌根紧贴伤员剑突上2cm或胸前中线与双乳头连线交叉处，另一只手平行放在其手背上，十指相扣，仅以单手掌根接触伤员胸骨下1/3处； （2）定位准确，双肘伸直，借身体和上臂的力量，垂直向下按压，使伤员胸廓下陷4~5cm； （3）心脏按压频率为100次/min

续上表

步骤	操作内容	操作要求
第七步	交替实施人工呼吸和胸外心脏按压 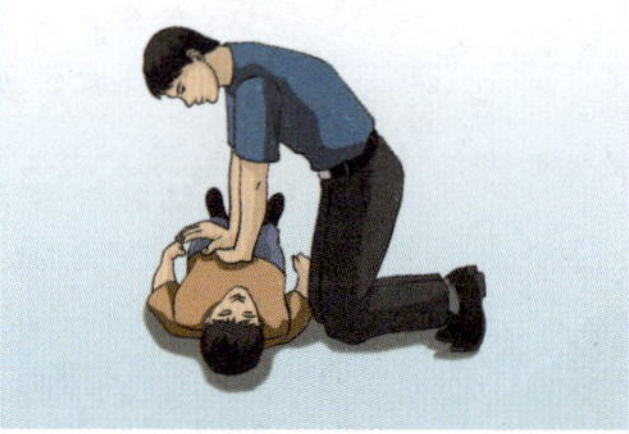	（1）完成30次心脏按压即给予2次快速吹气； （2）连做4~5个循环或进行3~4min后，重新检查呼吸和脉搏

7. 危重伤员早抢救

❶ 头部损伤的伤员

如果伤员受伤不严重，神志清醒，呼吸、脉搏正常，可进行伤部止血，包扎处理后，扶伤员靠墙或树坐下，找一块垫子将头和肩垫好。若伤员受伤严重并出现昏迷，要保持呼吸道通畅，密切注意呼吸和脉搏。

在进行救护转移时，护送人员扶助伤员呈半侧卧状，头部用衣物垫好，略加固定，再进行转移。

❷ 休克伤员

受伤者失血过多时会出现休克，其症状表现为：面色苍白、四肢发凉、额部出汗、口吐白沫，显得焦躁不安，脉搏跳动变得越来越快和虚弱，最后脉搏几乎摸不出来。这些症状有时会部分出现，有时会同时出现。休克时间过长，可以使伤员致死，因此应及时采取以下急救措施：

（1）将伤员安置到安静的环境。
（2）抬起伤员腿部直到处于垂直状态。
（3）采取保暖措施，以防止体热损耗。
（4）反复检查呼吸和脉搏。
（5）迅速呼救，及时送往医院。

❸ 昏迷不醒的伤员

可能引起昏迷不醒的原因有缺氧、中毒、中暑、暴力刺激大脑等。对昏迷失去知觉的伤员，在抢救时要先检查伤员的呼吸情况，并保持伤员侧卧位，以保证其呼吸畅通，防止窒息。

❹ 大量失血的伤员

如果伤员失血过多，将会出现生命危险，如出现休克等症状，应立即对伤员采取伤口加压止血和包扎措施。失血过多往往会产生休克，因此流血止住后，要继续采取一些防止休克的措施（具体措施见上文）。

8. 应急设备灵活用

❶ 车用急救包

车用急救包是用于突发事件发生后自救或互救的应急救护设备，主要包含应急药品和急救工具。

（1）应急药品。

①云南白药喷雾等急性扭挫伤救护药品。

②风油精、藿香正气水等祛暑药品。

③速效救心丸、人丹等急性心脏病救护药品。

（2）急救工具。

①三角巾、卷状胶带、伸缩性包带、包扎布、急救夹板等包扎工具。

②无纺创可贴、皮肤清洁布、纱布垫、手套等止血工具。

③急救用盖毯、急救手册、口罩、医用剪刀等其他急救工具。

❷ 自动体外除颤器（AED）

自动体外除颤器又称自动体外电击器、自动电击器、自动除颤器、心脏除颤器及傻瓜电击器等，是一种便携式的医疗设备，它可以诊断特定的心律失常，并且给予电击除颤，是可被非专业人员使用的用于抢救心源性猝死患者的医疗设备。目前一些豪华客车已经配备了自动体外除颤器，进一步提高了旅客的乘坐安全性。

AED的操作方法如下：

（1）打开AED的盖子，依据提示文字和语音的提示操作。

（2）在患者右胸上部和左胸左乳头外侧，紧密地贴上电极。具体位置可以参考AED机壳上的图样和电极板上的图片说明。

（3）将电极板插头插入AED主机插孔。

（4）按下"分析"键，AED将会开始分析心率。分析完毕后，AED将会发出是否进行除颤的建议，当有除颤指征时，不要与患者接触，同时让附近的其他人远离患者，由操作者按下"放电"键除颤。

（5）除颤结束后，AED会再次分析心律，如未恢复有效灌注心律，操作者应进行5个周期心肺复苏，然后再次分析心律，除颤，心肺复苏，反复至急救人员到来。

AED使用的注意事项

（1）AED瞬间可以达到200J的能量，在给病人施救过程中，应在按下通电按钮后立刻远离患者，并告诫身边任何人不得接触靠近患者。

（2）患者在水中不能使用AED，患者胸部如有汗水需要快速擦干胸部，因为水会降低AED功效。

（3）如果在使用完AED后，患者没有任何生命特征（没有呼吸心跳）需要马上送医院救治。

第二篇
旅客篇

第六章 安全乘车 遵规守法

第六章 安全乘车 遵规守法

旅客在乘坐道路客运班车或旅游包车出行时，要安全文明乘车，熟悉车内的安全设施，遇到紧急情况时听从驾驶员或乘务员的指挥。

1. 文明乘车助安全

（1）旅客应持有效客票乘车，遵守乘车秩序，依次有序进站候车。实行实名制管理的客运班线及客运站，旅客应当出示有效客票和本人有效身份证件原件，配合工作人员查验。

（2）旅客在旅行过程中必须遵守有关规定，听从站务、乘务人员的安排和指挥，交谈中使用文明用语，自觉维护站、车秩序。

（3）旅客上车后应按规定系好安全带，乘车时不脱鞋、不向车窗外乱扔废弃物,头、手及身体不得伸出车外,不得翻越车窗,不得在车未停稳时上下车。

(4)旅客不得携带易燃、爆炸、腐蚀、有毒及妨碍他人安全、卫生的物品进站乘车,乘车及上下车时看护好自己的行李物品,以防丢失。

2.特殊旅客讲礼让

(1)老年旅客由于年龄和身体原因,上车时动作迟缓,应变能力较差,他们上下车时特别注意进行自我安全保护,在遇有车辆急减速、运行不平稳时,会产生恐惧心理,神情紧张。因此,应对老年旅客的这种状况给予理解,注意礼让。

(2)带小孩的旅客在乘车时,对子女的保护意识特别强,怕上车没有座位,怕人多挤着孩子,怕突然制动摔着孩子,他们对安全感和座位的需求非常强烈。而小孩在乘车过程中比较活跃,难以维持一个比较安静稳定的状态。对于这种情况,其他旅客应抱以理解,避免发生冲突。

运输途中遇车内儿童玩闹

(3)遇有残疾人乘车,应力所能及地给予其帮助,在其上下车辆时搀扶牵引,上车后及时寻求乘务员或驾驶员的帮助,快速入座。

3.逃生通道助脱险

当车辆发生火灾、侧翻等紧急情况或事故时,逃生通道对于保障乘员逃生或救援人员有效开展施救非常重要。逃生通道包括应急门、应急窗或撤离舱口。

(1)应急门逃生。应急门的通道较大,旅客逃生时相对较容易。应急门的开启与关闭,通常由驾驶员操纵仪表盘附近的按钮来

第六章 安全乘车 遵规守法

实现。当驾驶员无法紧急开启车门时,可通过门上设置的操纵应急阀手动开启应急门。

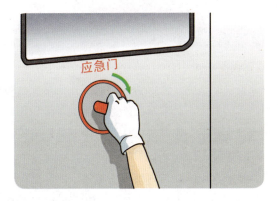

应急门的使用方法是:
① 打开护罩。
② 将手柄顺时针旋转90°,门泵气缸泄压。
③ 按照车门开启方向推开车门。
④ 使用完后将手柄复位,否则影响正常操作。

(2)应急窗逃生。目前,营运客车的车窗多为封闭式的,其中标有"安全出口"或者"EXIT"标志的车窗为应急窗,须借助安全锤等工具才能敲开,安全锤通常固定在应急窗的一侧。如果一时找不到安全锤,也可用灭火器或高跟鞋敲击车窗玻璃边缘或四角。

（3）安全顶窗逃生。当车辆发生事故,将安全顶窗上的扳手旋转90°,用力向外推出天窗,即可打开逃生通道。

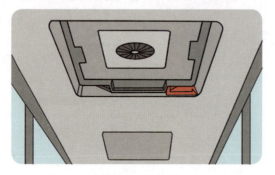

4.安全设施会使用

❶ 车载灭火器

灭火器是重要的车载灭火设备,一般放置在驾驶员座椅旁、车辆中部或后侧车门附近。公交车上通常使用的是干粉灭火器,主要用于扑救石油、有机溶剂等易燃液体、可燃气体和电气设备的初期火灾。

干粉灭火器最常用的开启方法为压把法,即将灭火器提到距火源适当距离后,先上下颠倒几次,使筒内的干粉松动,然后将喷嘴对准火焰根部,拔去保险销,压下压把,灭火剂便会喷射灭火。

灭火时,操作人员要站在上风位置,一手握住灭火器手柄,一手握住灭火器喷管,按下手柄,将软管对准火焰根部喷射,由近及远,左右扫射,快速推进,直至把火焰全部扑灭。驾驶员应定期检查灭火器,确保灭火器安全有效,检查要点如下：

①压力表完好,压力处于绿色区域。

②铅封完好。

③喷管无老化。

④灭火器要在有效期内。

2 安全锤

安全锤是在紧急情况下用来敲碎公交车车窗玻璃的专用工具，一般由圆锥形尖端的金属锤头和锤柄组成。

应急窗钢化玻璃的中间部分比较牢固，四角和边缘相对薄弱，应使用安全锤敲击玻璃的四角或边缘。对于设有敲击点标志的应急窗，则应将锤头对准敲击点，全力敲击。

第七章 紧急事件冷静应对

旅客在出行过程中，遇到紧急事件时，要沉着冷静，听从并配合驾驶员和乘务员的指挥，不要强行开关车门或干扰驾驶员驾驶。

1.自然灾害莫恐慌

❶ 地震

当地震发生时，旅客在车还没有停稳之前，要抓稳扶好，防止车辆发生侧翻。车辆停稳后，旅客要听从驾驶员的指挥，迅速下车，逃离至安全地带。同时，预防高层建筑物周边的高空坠物，并警惕建筑物可能发生的倒塌。

❷ 泥石流

发生泥石流灾害时，旅客要听从驾驶员和乘务员的指挥，不要迷恋自身的贵重物品，导致浪费了宝贵的逃生时间。不要怂恿驾驶员驾车横渡，要果断下车逃离。逃离时，往与泥石流垂直的两边路段逃离，不要向谷底、凹地、顺沟等地方逃离，尽快找到安全的高地避险，这样能够避免大部分的不良后果。

❸ 台风

台风天气下，在等候车辆的过程中，要防范广告牌等高处悬挂物发生坠落的危险。大风会导致车辆行驶的稳定性变差，在乘车途中要避免发生磕碰。

第七章 紧急事件 冷静应对

④ 沙尘暴

沙尘暴天气下,应尽量减少外出。由于能见度差,视线不好,旅客要与驾驶员一样,保持高度的警惕,提醒驾驶员减速慢行,注意行车安全。要选择在牢固、没有下落物的背风处下车。

大风沙尘天气注意观察远方情况

⑤ 冰雹

发生冰雹灾害时,要听从驾驶员的指挥,关紧车窗,以免被冰雹砸伤。

下车后,用雨具或其他代用品保护头部,并迅速进入建筑物等可抗击坠物的设施中,不要在头顶有玻璃、木板、易塌房屋、易断树枝等场所下躲避。

不同自然灾害的预防措施

(1)地震:关注地震预告信息,服从应急交通指挥。
(2)泥石流:不要在雨季强行通过山体易滑坡路段。
(3)台风:关注天气预报,避免在台风天气出行。
(4)沙尘暴:扶稳坐好,对外界环境保持高度警惕。
(5)冰雹:关注天气预报,避免在冰雹天气出行。

2.事故防护要到位

(1)养成系安全带的好习惯。在遭遇交通事故时,安全带能够避免或减少车上人员受到的伤害。

(2)当发生车辆碰撞事故时,旅客要紧握扶手及把手,低下头,利用手臂保护头部及面部不受损伤。同时两腿微弯,用力向前蹬地，身体尽量向后倾斜，保持缓冲姿势。

（3）若旅客就座于前排，且判断撞击力量较大时，应将两腿抬起，以避免相撞时发动机后移对自身造成严重损伤。

（4）在撞车时，旅客身体因惯性作用而先向被撞方向倾倒，接着会向后反冲，这一瞬间容易对旅客造成极大的危害。这时旅客应该尽量蜷缩身体，保护内脏器官，同时双手护头，起到保护和固定颈椎的作用。

（5）发生碰撞等交通事故时，千万不要大喊大叫，避免牙齿咬到舌头造成二次伤害。

（6）如果车辆相撞造成起火，应迅速脱离着火区，采取恰当的措施进行灭火。若油箱已燃烧，无法扑灭，燃烧时间又较长，极易造成爆炸事故，应及时离开危险区，尽量到土坡、房屋后等处躲避，在爆炸时，迅速就地卧倒，以免遭受伤害。

三种常见的被动安全装置

（1）安全带。车辆发生碰撞或紧急制动时，安全带预紧装置会瞬间收束，将驾乘人员牢牢地固定在座椅上，避免其与转向盘、风窗玻璃、座椅靠背等车内物体发生二次碰撞；当安全带的收束力度超过一定限度时，限力装置会适当放松安全带，保持驾乘人员的胸部受力稳定，起到缓冲作用，减轻对人体的伤害程度。

（2）安全气囊。安全气囊已经成为大多数轿车的标准安全配置。当车辆以20km/h以上的速度正面撞击物体或者在车辆前方左右两侧30°以内的方向受到撞击时，安全气囊会在瞬间充气、膨出，垫在驾驶员与车内硬物之间，防止驾驶员的头部和胸部撞击到转向盘或仪表板等硬物上,从而避免和减轻人员的伤亡。

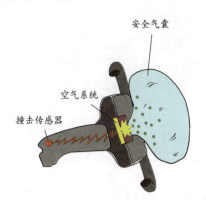

（3）座椅安全头枕。汽车座椅上的安全头枕又称靠枕,它是为提高汽车乘坐舒适性和安全性而设置的一种辅助装置。

3.起火落水速逃生

① 起火

车辆起火往往是由于电气系统故障、制动系统过热、车辆装载易燃易爆物品或碰撞而引发。当出现车辆起火时,旅客不要惊慌,要听从驾驶员的指挥,保持冷静、迅速撤离。

（1）提醒驾驶员迅速将车停至安全地带,评估火情。如果火情不严重,可以用随车灭火器尽快对准火源根部,在上风口处,顺风灭火；如果火势蔓延,无法控制,迅速弃车离开,报警求助。

（2）迅速遮掩口鼻。尽量用浸水的毛巾、棉布、口罩等遮住口鼻，起到降温和过滤吸入浓烟的作用。火灾产生的烟气温度高、毒性大，吸入后容易引起呼吸系统的灼伤或者中毒。

（3）俯身逃离。火灾发生时产生的烟一般在上空，逃生时要尽量弯腰、贴近地面前进。

（4）燃着衣物时切勿奔跑。要用浸湿的毛毯、棉被或者能吸水的大件物品盖在身上，确定好逃生路线，迅速逃离到安全区域。不能用塑料或者化纤类等物品来保护身体，否则可能适得其反。

（1）车辆落水之后必须保持冷静，在水还没有完全淹没车辆之前迅速打开车门逃生。当车辆的车门全部被水淹没后，应尽快选择通过窗户逃生。

（2）尝试打开车窗。如果车窗打不开的话，可以利用尖锐的螺丝刀以及求生锤之类的坚硬物品，使劲朝着车窗玻璃的四个角猛砸，砸碎后迅速逃生。

（3）逃生时，应注意抓稳门框或窗框，防止被涌入的水流冲回车内。

小贴士

汽车安全锤

汽车安全锤也称多功能安全锤，是指装置在汽车中，在发生紧急事故或灾害时，用来砸碎汽车玻璃窗逃生的工具。

使用汽车安全锤时，要握住锤身用金属头用力敲击玻璃的四角及边缘。这是由于钢化玻璃中间部分最坚固，四角和边缘最薄弱，因此用力敲击玻璃的四角及边缘，逃生的概率相对较大。

第七章 紧急事件 冷静应对

4. 驾乘发病勤配合

在乘车过程中如遇驾驶员突发疾病，如眩晕、胸闷、气虚、腹部或胃部绞痛、冒冷汗等，旅客可在力所能及的范围内提供救助。几种驾驶员的常见疾病及应急处置措施见表7-1。

几种驾驶员常见疾病及应急处置措施 表7-1

突发疾病类型	应急处置措施
昏厥晕倒	让患者躺下平卧，头部偏向一侧并稍放低。松解领口、衣服，确保呼吸畅通。采取人工呼吸和心脏按压的方法进行急救，也可以用指甲掐人中、涌泉、少商等穴位，促使其苏醒。若有心脏病史，可口服硝酸甘油、麝香保心丸
关节扭伤	切忌搓揉按摩，有条件的话用冷水或冰块冷敷，外擦松节油或涂三七粉、云南白药，或用活血、散瘀、消肿的中草药外敷包扎
低血糖休克	食用含糖较高的物质，如饼干、糖块、果汁等
中暑	尽快撤离引起中暑的高温环境，选择阴凉通风的地方休息，松解衣扣，通过冷敷头部、温水擦拭身体等方法尽快冷却体温，在太阳穴处涂抹清凉油、风油精，服用解暑饮料或人丹等中药
晕车	服用晕车药

5. 侵扰驾驶员急制止

遇有其他旅客侵扰驾驶员的行为，如对驾驶员进行无端责备、辱骂甚至动手打人，要立即进行劝阻。如劝阻无效，立即拨打110报警电话，并协助驾驶员平稳靠边停车，安全放置危险警告标志，等待公安机关人员的到来。如果打人者强行逃逸时，驾驶员应注意观察其体貌特征及逃跑方向，向公安机关人员提供相关信息。

6. 非传统安全慎应对

❶ 人为纵火

乘车时如遇有人为纵火，未起火时，应设法协助驾驶员稳定作案人情绪，与其周旋，组织其他旅客阻止其纵火行为的发生；起火时，待驾驶员停车熄火后，打开车门，与其他旅客顺序下车疏散。

当车门开关失效时，应使用应急开关打开车门或者打开逃生窗，使用安全锤等工具击碎车窗玻璃，与其他旅客迅速疏散。紧急情况下，应积极组织动员旅客、社会公众等参与应急救援。同时立即拨打110、119和120。

❷ 收到爆炸威胁

车内发现可疑爆炸物品时，应配合驾驶员的疏散行为，与其他旅客顺序下车，并协助拨打110。

❸ 暴力抢劫或伤人情况

遇车内发生暴力抢劫、伤人等紧急情况时，要保持冷静，在保护自身安全的前提下，配合驾驶员与作案人员周旋，适时用短信等方式报警或者将险情传递出去。同时要尽量记清作案人员的体貌特征、衣着、口音、凶器等，协助公安机关调查。作案人员逃离现场时，驾驶员应观察其逃跑方向，立即拨打110，协助驾驶员维护好现场秩序，保护现场，对伤员进行必要的救护，并视情拨打120。

7. 重大疫情严防护

在疫情预警期间乘坐客运车辆，应注意以下事项：

（1）进行体温检测。上车前自测体温，确保体温正常后方可乘坐车辆。

体温检测

（2）尽量选择与驾驶员和其他旅客均能保持一定距离的座位。避免车内人员集中，增加感染风险。

（3）在乘坐过程中必须全程佩戴口罩。

（4）勤开窗通风。可以打开车窗的，可在乘坐途中打开车窗，加速空气流通。不触碰车内设施，减少与驾驶员和其他旅客间不必要的交流。

（5）注意个人卫生防护。打喷嚏或者咳嗽时，用纸巾遮住口鼻，或采用肘臂遮挡。

（6）及时做好消毒工作。下车后，立即用洗手液或免洗消毒液清洗双手；回家后，要对行李进行表面消毒，使用酒精棉片等对行李表面进行擦拭。